Luciano De Crescenzo
Il caffè sospeso
Espresso mit Herz

Was wäre in der Weltgeschichte nicht alles anders gelaufen, hätte es das Handy gegeben? Worin besteht der Zusammenhang zwischen Milchkaffee und Entropie und was ist dran an den Studien einer skandinavischen Sexualforscherin, wonach Italiener die besten Partner sein sollen? Mit der Weisheit der alten Griechen im Gepäck sowie einer gehörigen Portion gesunden Menschenverstands und ab und an einem Quentchen neapolitanischer Schlitzohrigkeit begegnet Luciano De Crescenzo in achtzehn kurzen Geschichten den Herausforderungen des modernen Lebens – Geschichten wie ein kleiner Schluck neapolitanischen Kaffees: Wenig, köstlich, dabei aber in der Lage, bis in die Gehirnregionen aufzusteigen und dort ein bisschen Rambazamba zu machen.

Luciano De Crescenzo

Il caffè sospeso

Espresso mit Herz

Alltagsweisheit wohldosiert

Aus dem Italienischen
von Franziska Bolli und Achim Lunkenheimer

dtv

MIX
Papier aus verantwortungsvollen Quellen
FSC® C019821

Deutsche Erstausgabe 2015
6. Auflage 2022
dtv Verlagsgesellschaft mbH & Co. KG, München
Auswahl von Texten aus dem bei Mondadori erschienenen Band
‹Il caffè sospeso. Saggezza quotidiana in piccoli sorsi›

Umschlagkonzept: Balk & Brumshagen
Satz: Greiner & Reichel, Köln
Druck und Bindung: Druckerei C.H.Beck, Nördlingen
Printed in Germany · ISBN 978-3-423-09528-0

Il caffè sospeso

Espresso mit Herz

Premessa ovvero il caffè sospeso · Vorwort oder Espresso mit Herz 8 · 9

Scarpe spaiate · Unpaarige Schuhe 12 · 13

Immuni dal Dubbio, cioè stupidi · Frei von Zweifel sind die Dummen 18 · 19

«Non suono per non disturbare» · «Ich singe nicht. Ich möchte nicht stören» 26 · 27

«Signor Ministro, vorrei un preventivo di pena» · «Sehr geehrter Herr Minister, ich hätte gern einen Strafmaßvoranschlag» 30 · 31

Lettera aperta a una sessuologa · Offener Brief an eine Sexualforscherin 36 · 37

Libri, somari e carote · Bücher, Esel und Möhren 42 · 43

Papà e mammà in Paradiso · Papa und Mama im Paradies 48 · 49

Aristippo ci insegna a usare Internet · Aristippos lehrt uns den Umgang mit dem Internet 62 · 63

Il telefonino, la mia croce · Die Krux mit dem Handy 70 · 71

Storia del Pallonetto di Santa Lucia · Die Geschichte des «Pallonetto di Santa Lucia» 80 · 81

Il mio *Bellavista* alla città · Mein ‹Bellavista› für meine Stadt 90 · 91

Truffa o arte di arrangiarsi? ·Betrug oder sich zu helfen wissen? 96 · 97

A ciascuno il suo Diavolo · Jedem seinen Teufel 104 · 105

Il caffellatte e l'entropia · Milchkaffee und Entropie 112 · 113

Amore e statistica · Liebe und Statistik 122 · 123

Partire è un'idiozia · Wegfahren ist Wahnsinn 128 · 129

Il segreto per l'eterna giovinezza · Das Geheimnis ewiger Jugend 136 · 137

A Napoli, una volta, c'era una bella abitudine: quando una persona stava su di giri e prendeva un caffè al bar, invece di uno ne pagava due. Il secondo lo riservava al cliente che veniva subito dopo. Detto con altre parole, era un caffè offerto all'umanità. Poi, di tanto in tanto, c'era qualcuno che si affacciava alla porta del bar e chiedeva se c'era un « sospeso ». Tutto questo era dovuto al fatto che erano più i clienti poveri che quelli ricchi. Oggi purtroppo non solo non esiste più chi paga un « sospeso » ma nemmeno chi è disposto ad accettarlo. Un giorno ho conosciuto un brav'uomo, bisognoso di fare amicizie, che di « sospesi » ne pagava addirittura cinque.

È per questo che chiedere un allineamento dei prezzi del caffè in Italia, a mio avviso, sarebbe un errore. Il caffè non è uguale a ogni latitudine: in primo luogo, è diverso come sapore, poi come quantità (un caffè del Nord, misurato in centilitri, è almeno il doppio di un caffè del Sud) e, infine, come funzione. Quando al di sopra della Linea

VORWORT ODER ESPRESSO MIT HERZ

In Neapel gab es einst eine schöne Gewohnheit. Wenn jemand besonders gut aufgelegt war und in einer Bar einen Espresso trank, zahlte er zwei statt einen. Der zweite Kaffee war für einen Gast reserviert, der bald nach ihm kommen würde. Mit anderen Worten war dieser Kaffee eine Geste der Menschlichkeit. Ab und an zeigte sich dann jemand in der Tür und erkundigte sich, ob einer spendiert worden sei. Es gab eben mehr arme Gäste als reiche. Heute gibt es leider keinen Barbesucher mehr, der einen Kaffee spendiert, aber auch keinen mehr, der bereit wäre, ihn anzunehmen.* Einmal habe ich miterlebt, wie ein guter Kerl, der sich um jeden Preis beliebt machen wollte, gleich fünf Kaffees ausgab.

Im Übrigen glaube ich, die Forderung nach einheitlichen Preisen für eine Tasse Kaffee in ganz Italien wäre verfehlt. Der Kaffee ist in Italien nicht überall gleich. Erstens bestehen Unterschiede im Geschmack und zweitens hinsichtlich der Menge. Ein Espresso im Norden misst doppelt so viel wie einer im Süden. Außerdem haben sie unterschiedliche Wirkung. Wenn man völlig am Rande ist, hilft man sich oberhalb der «Gotenstellung»** mit einem Gläschen

* Erfreulicherweise erlebt die noble Geste gerade eine Renaissance – europaweit.

** Demarkationslinie im 2. Weltkrieg auf der Höhe der Toskana, von Massa-Carrara nach Pesaro

Gotica si è giù di corda ci si aiuta con un grappino, a Napoli, invece, con un caffè, e per raggiungere il livello desiderato, credetemi, ce ne vogliono almeno tre, e di quelli buoni. Ma tre caffè al giorno costano quello che costano. Forse ce li dovrebbe passare la mutua.

Il caffè di Napoli è diverso da quello di Milano. È minimo come quantità e massimo come sapore. Provare per credere. E soprattutto non è solo un liquido scuro ma, come accennato, un mezzo per fare amicizia. Supponiamo che un giorno incontriate un amico a Napoli, in piazza dei Martiri. Il minimo che vi dovete aspettare è che vi dica: « Prendiamoci un caffè ». Il che dalle mie parti equivale a dire « buon giorno ».

Ora, però, paragoniamo il caffè di Napoli al caffè di Milano, se non, addirittura, a quello di Monaco di Baviera. Mentre quello tedesco scende, quello di Napoli sale e va a sistemarsi nelle vicinanze del cervello. Non a caso è poco più di un sorso.

Questi capitoli che seguono sono come piccoli sorsi di caffè napoletano: brevi, gustosi, ma capaci di salire nelle vicinanze del cervello e fargli un po' di sano solletico.

Grappa, in Neapel dagegen mit einem Tässchen Kaffee. Und eines könnt ihr mir glauben: Um den erwünschten Pegel zu erreichen, braucht man mindestens drei davon und zwar drei richtig starke. Aber drei Tassen Kaffee am Tag haben ihren Preis. Vielleicht sollte die Krankenkasse dafür aufkommen.

Der Espresso in Neapel unterscheidet sich von dem in Mailand. Bei einem Minimum an Quantität hat man ein Maximum an Aroma. Probiert ihn, dann glaubt ihr mir. Vor allem ist er nicht nur eine dunkle Flüssigkeit, sondern, wie schon erwähnt, ein bewährtes Mittel, um Freundschaften zu pflegen. Angenommen, ihr trefft eines Tages in Neapel auf der Piazza Martiri einen Freund. Das Mindeste, mit dem ihr rechnen müsst, ist die Aufforderung: «Trinken wir einen Kaffee!» Das bedeutet dort, wo ich herkomme, so viel wie «Guten Tag».

Jetzt wollen wir aber den Kaffee aus Neapel mit dem aus Mailand oder, noch besser, mit dem aus München vergleichen. Der deutsche Kaffee rinnt runter, der aus Neapel steigt auf und setzt sich in der Nähe des Gehirns fest. Nicht von ungefähr ist es nur wenig mehr als ein Schluck.

Die Kapitel, die nun folgen, sind jeweils wie ein kleiner Schluck neapolitanischen Kaffees: Wenig, köstlich, dabei aber in der Lage, bis in die Gehirnregionen aufzusteigen und dort ein bisschen Rambazamba zu machen.

Un giorno mia nonna mi disse: « Nenni', queste sono le scarpe della buonanima del nonno, vendile e comprati qualcosa di utile ». Io ne ricavai sette lire o settanta lire, la cifra adesso non me la ricordo bene, però il sette ci stava. Comunque ricordo benissimo il ciabattino a cui mi rivolsi per la vendita, il suo gesto di disprezzo verso le scarpe del nonno, il suo: « Sì, so' sane, ma è come se fossero rotte, non vedi che questa suola è sottile sottile? Ora basta una passeggiata per Toledo e poi le devi buttare! ».

L'episodio diventa ancora più significativo se si tiene conto che la mia era una famiglia benestante, vivevamo di rendita. Vero è che a Napoli le scarpe non sono un bene di consumo bensì un bene patrimoniale. Voglio dire cioè che dalle mie parti un paio di scarpe viene generalmente usato fino alle sue estreme capacità di sopravvivenza. Una suola bucata, uno sgraffio sulla tomaia rappresentano solo temporanei contrattempi nella vita di una scarpa napoletana. Curata con affetto, lucidata con attenzione, riposta nelle sta-

Eines Tages sagte meine Großmutter zu mir: « Nenni, das sind die Schuhe des Großvaters, Gott hab ihn selig. Verkauf sie und kauf dir dafür etwas, das du brauchen kannst. » Ich bekam sieben oder siebzig Lire dafür, ich erinnere mich jetzt nicht mehr genau, aber die Zahl sieben war dabei. Sehr genau erinnere ich mich hingegen an den Schuster, dem ich sie zum Verkauf anbot, und daran, welche Geringschätzung er den Schuhen des Großvaters entgegenbrachte: « Ja, ich weiß, sie sind noch ganz, aber sie sind so gut wie hinüber. Siehst du nicht die vollständig abgelaufenen Sohlen? Da reicht doch ein Spaziergang durch Toledo* und schon musst du sie wegschmeißen! »

Die Geschichte ist umso bezeichnender, wenn man weiß, dass ich aus einer wohlhabenden Familie komme, die von ihren Zinsen lebte. In Neapel gelten Schuhe tatsächlich als Erbgut und nicht als Konsumgut. Bei uns wird ein Paar Schuhe so lange getragen, bis es nicht mehr geht. Löcher in der Sohle oder Kratzer im Oberleder bedeuten lediglich einen vorübergehenden Zwischenfall im Dasein eines neapolitanischen Schuhs. Er wird mit Liebe gepflegt, sorgfältig poliert und in den raueren Jahreszeiten mit Zeitungspapier aus-

* Stadtteil von Neapel

gioni contrarie con una adeguata imbottitura di carta di giornale, essa sverna fiduciosa di essere riutilizzata l'anno successivo.

Non sarà certo la moda a sconfiggere un rapporto affettuoso, direi intimo, tra proprietario e scarpa. Eppure, dal momento che nulla è eterno sulla faccia di questa terra, anche per la scarpa napoletana viene il giorno dell'addio. Cercatori di roba vecchia, cosiddetti *saponari*, girano infaticabilmente per le case dei borghesi e accade che quelle scarpe già utilizzate e risuolate più volte, testimoni mute di momenti tristi e felici, si stacchino dalla casa natia per iniziare un nuovo ciclo di vita.

Messe nelle mani di artigiani eccezionali, veri Barnard della calzatura, le nostre scarpe si rigenerano, rifioriscono e, una volta restituite alla vita, tornano a essere messe in vendita nelle stradine adiacenti al ponte di Casanova: « Dotto', compratevi queste scarpe, sono un affare, erano di un marchese che è dovuto partire da un momento all'altro e che se le è dimenticate a Napoli. Quello non se l'è mai messe, praticamente sono nuove ».

Le scarpe vengono così di nuovo acquistate, usate, risuolate, finché una di esse, la

gestopft. So überwintert er im Vertrauen darauf, im nächsten Jahr wieder seine Dienste leisten zu dürfen.

Mit Sicherheit wird nicht die Mode der Grund dafür sein, eine so liebevolle, ja, ich würde fast sagen, innige Beziehung zwischen Schuh und Besitzer zu beenden. Und dennoch: Auf Erden ist nichts ewig. Und so kommt auch für den neapolitanischen Schuh der Tag des endgültigen Abschieds. Altwarenhändler, sogenannte *saponari*, durchkämmen unermüdlich die wohlhabenderen Häuser und gelegentlich trennen sich gebrauchte und schon mehrfach neu besohlte Schuhe, stumme Zeugen trauriger und glücklicher Zeiten, von ihrer ersten Wirkungsstätte, um einen neuen Lebensabschnitt zu beginnen.

Gelangen sie in die Hände von hervorragenden Handwerkern, echten Barnards* des Schusterhandwerks, erholen sie sich, blühen auf und nehmen wieder am Leben teil. In den Sträßchen bei der Casanova-Brücke werden sie dann zum Verkauf angeboten: «Dottore, kaufen Sie diese Schuhe, ein Schnäppchen. Sie gehörten einem Marquis. Der musste von heut auf morgen abreisen und hat sie in Neapel vergessen. Er hat sie nie getragen. Sie sind praktisch wie neu.»

Die Schuhe werden wieder gekauft, getragen und neu besohlt, bis dann der schwächere der beiden

* Christiaan Neethling Barnard, südafrikanischer Herzchirurg und Pionier auf dem Gebiet der Herztransplantation

più debole, dice: basta. Il chirurgo scuote la testa. Niente da fare, bisogna buttarla, al massimo la si potrebbe conservare per lanciarla dalla finestra alla fine dell'anno. Resta comunque in vita l'altra scarpa, la vedova. Il ciabattino la guarda, valuta l'opportunità di un intervento, e decide di sì. Restaurata, risuolata, lucidata, la nostra scarpa finisce su di un bancariello di Spaccanapoli. La scritta « Scarpe scompagnate » informa l'acquirente che per un prezzo veramente esiguo lui potrà portarsi via due scarpe quasi identiche. La nostra scarpa ha trovato un nuovo partner e un nuovo padrone. Tutto questo si chiama: anti-consumismo.

schließlich meint: «Ich habe genug.» Der Chirurg schüttelt den Kopf. Nichts mehr zu machen. Man muss ihn wegwerfen. Man könnte ihn allenfalls aufbewahren und am Jahresende aus dem Fenster schmeißen. Immerhin bleibt der andere Schuh, der Wittwer, dem Leben erhalten. Der Schuster begutachtet ihn, beurteilt die Möglichkeit eines Eingriffs und entscheidet sich für ein Ja. Restauriert, neu besohlt und poliert, landet unser Schuh auf einem Markt auf Spaccanapoli*. Ein Schild «Einzelne Schuhe» informiert den potentiellen Käufer, dass er für einen wirklich günstigen Preis zwei nahezu identische Schuhe mitnehmen könne. Unser Schuh hat einen neuen Partner und einen neuen Besitzer gefunden. Dies alles hat auch einen Namen: Antikonsumverhalten.

* Eine der Straßentangenten durch Neapels historische Altstadt

La vera antitesi della Fede non è la Ragione, ma il Dubbio. Proviamo a dare qualche definizione e chissà che non arriviamo a dei risultati. Nella vita ci sono cose che si sanno, e cose che non si sanno ma che si credono. Facciamo degli esempi: l'acqua, a certe condizioni di pressione, bolle a 100 gradi centigradi. Se uno non ci crede, prende un pentolino, lo riempie d'acqua e lo mette sul fuoco. Poi, dopo qualche minuto, si accorgerà che l'acqua ha incominciato a bollire. A quel punto prende un termometro e ne misura la temperatura. Dopodiché esclamerà: «Gesù, Gesù, ma sono proprio cento gradi!». Ebbene, questa è la Scienza.

Dell'Anima e dell'Aldilà, invece, non si sa nulla di preciso. La maggior parte delle persone però ci crede e giura che esistono. Ogni religione ha al riguardo le sue brave risposte, e ognuno di noi, a seconda di dove è nato, crede in qualcosa che non può dimostrare. Per quanto mi riguarda, per esempio, fatta eccezione per le Uri di cui parla il Corano che purtroppo da noi non ci sono, io preferisco di gran lunga il nostro Paradiso a quello musulmano. Solo l'idea di poter incontrare di nuovo mia madre e mio pa-

Der wahre Gegensatz zum Glauben ist nicht die Vernunft, sondern der Zweifel. Probieren wir es mit einer Definition, wer weiß, vielleicht kommt sogar etwas dabei heraus. Im Leben gibt es Dinge, die man weiß, und Dinge, die man nicht weiß, aber an die man glaubt. Ein Beispiel dazu: Unter bestimmten Druckverhältnissen kocht das Wasser bei hundert Grad Celsius. Wer das nicht glaubt, nehme ein Töpfchen, fülle es mit Wasser und stelle es aufs Feuer. Nach ein paar Minuten wird er bemerken, dass das Wasser anfängt zu kochen. Jetzt misst er mit dem Thermometer die Wassertemperatur. Dann stellt er verwundert fest: «Oh mein Gott, es sind ja tatsächlich hundert Grad.» Nun ja, das ist Wissenschaft.

Von der Seele und dem Jenseits dagegen weiß man nichts Genaues. Die meisten Menschen aber glauben daran und würden schwören, dass beide existieren. Jede Religion hat diesbezüglich ihre genauen Vorstellungen. Jeder von uns glaubt entsprechend seiner Herkunft an etwas, das er nicht beweisen kann. Was zum Beispiel mich betrifft, ziehe ich unser Paradies dem muslimischen bei Weitem vor, abgesehen von den Huri, die im Koran erwähnt werden und die es leider bei uns nicht gibt. Allein schon die Vorstellung, meiner Mutter und meinem Vater wieder zu begegnen und mit ihnen

dre, e di poter scambiare con loro quattro chiacchiere insieme a Totò e a Fellini, mi fa giurare sull'esistenza della vita eterna. Questa è la Fede.

Infine, ci sono cose che «non si sanno» e «non si credono» ma sulle quali «si discute». Questa è la Filosofia. Chiediamoci ora se c'è un elemento che distingue la Filosofia dalle altre attività dell'essere umano. Certo che c'è, e si chiama Dubbio.

Lo scienziato, una volta provata la legge che ha scoperto, la usa per andare avanti nella ricerca. E così il credente che pone le cose in cui crede alla base di ogni suo pensiero. Il filosofo, invece, è un dubitante per definizione o, se preferite, «per vizio». Lui pratica lo «zeticismo» dalla mattina alla sera (da *zeteo,* che in greco vuol dire «cercare»), ovvero una disciplina secondo la quale è obbligato a «cercare sempre a patto di non trovare mai».

Prima di condannare il Dubbio, due parole in sua difesa: chi crede nell'esistenza di Dio, una volta per tutte, non è mai così vicino a Dio come chi, invece, se lo chiede di continuo. Io, tanto per dirne una, ho sostituito il verbo «credere» col verbo *sperare,* motivo per cui «spero che Dio ci sia», anzi sono sicuro che ci sia, ma solo nell'80 per cento dei casi. A volte poi questa mia percentuale

ein Schwätzchen halten zu können, vielleicht sogar zusammen mit Totò und Fellini, bringt mich dazu, auf die Existenz des ewigen Lebens zu schwören. Das ist eben der Glaube.

Schließlich gibt es Dinge, die man weder weiß noch glaubt, über die man aber diskutiert. Das ist Philosophie. Wir fragen uns jetzt, ob sich die Philosophie durch etwas Bestimmtes von den übrigen Beschäftigungen der Menschheit unterscheidet. Ganz gewiss, nämlich durch den Zweifel.

Erweist sich eine Gesetzmäßigkeit, die ein Wissenschaftler entdeckt hat, als richtig, baut er seine weitere Forschung darauf auf. Ebenso nimmt der Gläubige das, woran er glaubt, zur Grundlage all seiner Gedanken. Der Philosoph dagegen ist einer, der *per definitionem* zweifelt, was, wenn man so will, auch sein Laster ist. Er hat sich von morgens bis abends der «Zetetik» verschrieben (griech.: *zeteo* = *suchen*). Das ist eine Disziplin, nach der man verpflichtet ist, immer auf der Suche zu sein, und zwar unter der Bedingung, dass man nichts findet.

Bevor man den Zweifel verurteilt, zwei Worte zu seiner Verteidigung. Wer ein für alle Mal an die Existenz Gottes glaubt, ist ihm niemals so nahe wie derjenige, der ihn ständig hinterfragt. Ich jedenfalls, nur um ein Beispiel zu nennen, habe «glauben» durch «hoffen» ersetzt. Deshalb «hoffe ich, dass es einen Gott gibt». Eigentlich bin ich sicher, dass es einen gibt, aber nur zu 80 Prozent. Manchmal gerät die Prozentzahl ins Wanken, be-

vacilla, in particolar modo quando assisto a delle ingiustizie fin troppo palesi, e allora quella che io chiamo « speranza » si tramuta in « timore » e mi precipita al 50, se non addirittura al 40 per cento.

Ho avuto un nipote, un bravissimo ragazzo che non ha mai fatto male a nessuno, che mi è morto di sclerosi multipla dopo aver perso via via l'uso delle gambe, delle mani, della parola e della vista. Ma perché, mi sono chiesto, Dio non manda una malattia così feroce a quelli che uccidono i bambini dopo averli stuprati? Mi è stato risposto che la vera vita non è quella che stiamo vivendo, ma quella che ci attende dopo la morte. Sarà, ma nel frattempo mi sono crollate le percentuali.

Essere sacerdoti del Dubbio vuol dire porsi di continuo domande del genere, ed è proprio il Dubbio a frenare i nostri peggiori impulsi. Il vero filosofo, infatti, professa *l'epoké,* ovvero la sospensione del giudizio, e non prende decisioni avventate. Analizza i pro e i contro di ogni scelta e poi decide di conseguenza. Quando vi capita d'incontrare un uomo che ha dei dubbi, state tranquilli, non abbiate paura: sarà di sicuro una brava persona. Gli Hitler e gli Stalin, ricordatelo, non hanno mai avuto dubbi. E se proprio vogliamo dirla tutta, anche

sonders dann, wenn ich Zeuge von allzu offensichtlichen Ungerechtigkeiten werde. Dann verwandelt sich das, was ich «Hoffnung» nenne, in «Angst» und ich werde auf 50 oder gar 40 Prozent zurückgeworfen.

Ich hatte einen Neffen, einen vielversprechenden Jungen, der nie jemandem etwas zuleide getan hatte. Er starb an Multipler Sklerose, nachdem er allmählich die Kontrolle über Beine, Hände, Sprache und Augen verloren hatte. Warum nur, habe ich mich gefragt, schickt Gott eine so grausame Krankheit nicht denen, die Kinder vergewaltigen und umbringen. Mir wurde geantwortet, das wahre Leben spiele sich nicht im Hier und Jetzt ab, sondern erwarte uns erst nach dem Tod. Mag sein, aber in der Zwischenzeit brechen bei mir die Prozentzahlen zusammen.

Anwalt des Zweifels zu sein, bedeutet, sich ständig solche und ähnliche Fragen zu stellen. Zudem ist es gerade der Zweifel, der unsere abartigsten Triebe bremst. Der wahre Philosoph bekennt sich zur *epoké,* das heißt, er hütet sich vor Vorurteilen und trifft keine vorschnellen Entscheidungen. Er wägt zunächst die Vor- und Nachteile jeder möglichen Entscheidung ab und zieht daraus seine Konsequenzen. Solltet ihr jemanden treffen, der Zweifel hat, seid unbesorgt, habt keine Angst. Er ist mit Sicherheit ein anständiger Mensch. Vergesst nicht, dass Menschen wie Hitler oder Stalin niemals von Zweifeln geplagt wurden. Und ganz

gli stupidi, spesso e volentieri, sono immuni dal Dubbio.

« Ma ne sei proprio sicuro? » qualcuno potrebbe chiedermi.

« Non ho alcun dubbio! » risponderei.

offen gesagt, auch dumme Menschen sind meistens frei von Zweifel.

«Aber bist du dir dessen wirklich ganz sicher?», könnte mich jemand fragen.

Da würde ich wahrscheinlich antworten: «Ich habe nicht den geringsten Zweifel!»

«NON SUONO PER NON DISTURBARE»

Preparare una colazione d'affari a Napoli? Non è possibile. La città non è organizzata: mancano i ristoranti specializzati, i menu sono tutti a base di carboidrati, i camerieri e gli avventori non consentono alcuna privacy e infine i posteggiatori volteggiano implacabili nella convinzione che chiunque mangi in un ristorante sia un turista straniero voglioso di ascoltare *'O surdato 'nnammurato.*

Tutto questo non significa che a Napoli sia impossibile trattare e concludere affari mangiando.

Diciamo semplicemente che è diverso e che bisogna sapersi adattare. Ricordo, per esempio, di una cosiddetta colazione d'affari da me avuta con un cliente quando ancora lavoravo a Napoli: avevo deciso di scartare «Ciro a Santa Brigida», dove sicuramente avrei mangiato benissimo ma dove altrettanto sicuramente avrei trovato troppa folla, e mi ero avviato verso una trattoria di Santa Lucia, proprio di fronte al cinema, dove secondo i miei calcoli a quell'ora non avrei dovuto incontrare molta gente, essendo la clientela abituata a mangiare verso le due. Tutto procedeva secondo le previsioni: sala pressoché vuota, spaghetti

«ICH SINGE NICHT. ICH MÖCHTE NICHT STÖREN.»

In Neapel ein Geschäftsessen ausrichten? Unmöglich! Die Stadt ist darauf nicht eingestellt. Es fehlen Restaurants für besondere Anlässe. Die Menüs bestehen vorwiegend aus Kohlehydraten. Kellner und Stammkunden lassen keine Privatsphäre aufkommen. Außerdem umschwärmen einen überall Tafelmusikanten, unbeirrbar davon überzeugt, dass nur ausländische Touristen in Restaurants essen und alle sehnlichst das Lied vom verliebten Soldaten (‹O surdato 'nnammurato›) hören wollen.

Das bedeutet aber nicht, dass es in Neapel unmöglich ist, beim Essen erfolgreich ins Geschäft zu kommen.

Es ist dort nur anders und man muss sich anpassen können. Ich erinnere mich zum Beispiel an ein sogenanntes Geschäftsessen mit einem Kunden, als ich noch in Neapel tätig war. Ich hatte beschlossen, «Ciro a Santa Brigida» nicht zu berücksichtigen. Dort hätte man sicherlich sehr gut essen können, aber ebenso sicher wäre es überfüllt gewesen. So steuerte ich auf eine Trattoria in Santa Lucia zu, genau gegenüber dem Kino. Um diese Zeit dürften dort schätzungsweise nicht zu viele Leute anzutreffen sein, da deren Kundschaft gewöhnlich gegen zwei Uhr zu Mittag isst. Alles kam wie erwartet. Das Lokal war nahezu leer, es gab Spaghetti Vongole und dann kam die übliche ätzende Frage: «Fleisch

alle vongole e per dopo la solita micidiale richiesta: carne o pesce? Comunque, una volta adempiuto nel bene e nel male alle formalità delle ordinazioni, io avevo appena iniziato il discorso che tenevo a cuore, quando eccolo là: l'immancabile, il fatalistico, l'emaciato, il sorridente professionista della *posteggia*. Vestito, come il ruolo comanda, con dignitosa povertà ma con colori e dettagli adatti a un artista, armato di una vistosa chitarra, egli avanza nel locale deserto per piazzarsi a circa tre metri dal nostro tavolo. Attendo con paziente rassegnazione che il nostro aedo si commuova cantando *«tu si' 'a canaria, ca, pure quanno more, canta canzone nove»*, sennonché contro tutte le aspettative egli resta silenzioso e rispettosamente ci guarda.

Continuo a parlare di lavoro e ho l'impressione che questa volta il posteggiatore stia aspettando la fine della nostra conversazione. Sennonché, nel corso di una pausa, si avvicina con discrezione e con un leggero inchino ci porge un cartoncino stampato: NON SUONO PER NON DISTURBARE, GRAZIE.

Gli demmo cinquecento lire e se ne andò.

Gaetano, il cameriere, quando venne a portarci il conto ci disse: *«Puveriello, è paté 'e figli e nun sape suna'!»*.

oder Fisch?» Wie dem auch sei, nachdem wir die Formalitäten der Bestellung schlecht und recht hinter uns gebracht hatten und ich gerade ein engagiertes Gespräch angefangen hatte, da stand er plötzlich da, der unvermeidliche Musikant, schicksalsergeben, abgemagert, profimäßig lächelnd. Seine Aufmachung war armselig und doch würdevoll, ganz so, wie es seine Rolle erforderte, Farben und Details passend für einen Künstler. Bewaffnet mit einer auffälligen Gitarre rückt er in das menschenleere Lokal vor, um dann drei Meter vor unserem Tisch Stellung zu beziehen. Ich ergebe mich und warte geduldig darauf, dass unser Sänger inbrünstig loslegt mit dem sterbenden Kanarienvogel (*«tu si' 'a canaria, ca, pure quanno more, canta canzone nove»*), aber er bleibt wider Erwarten stumm und beobachtet uns mit Respekt.

Ich fahre mit meiner Besprechung fort und gewinne den Eindruck, dass unser Musikant dieses Mal warten will, bis wir fertig sind. Doch in einer Pause tritt er vorsichtig näher und überreicht uns mit einer kleinen Verbeugung ein vorgedrucktes Kärtchen: «ICH SINGE NICHT. ICH MÖCHTE NICHT STÖREN. DANKE.»

Wir haben ihm fünfhundert Lire gegeben und er zog sich zurück.

Als Gaetano, der für uns zuständige Kellner, die Rechnung brachte, sagte er: «Armer Kerl, ist Vater von Kindern und kann nicht singen!»

«SIGNOR MINISTRO, VORREI UN PREVENTIVO DI PENA»

Spett. Ministro della Giustizia,

con la presente desidererei avere dal Suo Ministero un preventivo di pena per un eventuale delitto che potrei commettere da qui a qualche giorno. Tenuto conto della campagna sconti che state praticando in questi ultimi tempi, Le sarei grato se mi volesse far conoscere in anticipo quanti mesi di carcere mi toccherebbero ovemai eliminassi il mio vicino di casa, ragioniere G. B. Rigotti, che da anni mi perseguita con la sua cattiveria.

Finora ho sempre rifiutato con orrore l'ipotesi di commettere un delitto, anche perché, diciamo la verità, la prospettiva di finire in carcere per il resto dei miei giorni mi spaventava alquanto; adesso però, a seguito degli ultimi clamorosi scarceramenti, le confesso che ci sto un tantino ripensando. Ho letto da qualche parte, infatti, che in Italia i criminali in libertà sarebbero addirittura 200 mila e che la disponibilità dei posti letto nelle carceri nazionali non supererebbe le 30 mila unità, come dire che, se non ci si prenota in tempo, in carceri particolarmente affollate come Regina Coeli e Poggioreale non si entra nemmeno.

«SEHR GEEHRTER HERR MINISTER, ICH HÄTTE GERNE EINEN STRAFMASSVORANSCHLAG»

Sehr geehrter Herr Justizminister,

hiermit möchte ich gerne von Ihrem Ministerium einen Strafmaßvoranschlag für ein Verbrechen einholen, das ich in absehbarer Zukunft womöglich begehen könnte. Angesichts der milden Strafen, die in letzter Zeit verhängt wurden, wäre ich Ihnen dankbar, wenn Sie mich im Voraus wissen ließen, wie viele Monate Gefängnis ich für die Beseitigung meines Nachbarn zu erwarten hätte. Es handelt sich um den Buchhalter G.B. Rigotti, der mich seit Jahren mit seiner Boshaftigkeit verfolgt.

Bisher hat mich der Gedanke, ein Verbrechen zu begehen, zugegebenermaßen allein schon deshalb abgeschreckt, weil ich die Aussicht, den Rest meiner Tage im Kerker verbringen zu müssen, ziemlich schauerlich fand. Jetzt aber, nach den letzten aufsehenerregenden Haftentlassungen, muss ich gestehen, dass ich die Angelegenheit noch einmal überdenke. Ich habe irgendwo gelesen, dass in Italien tatsächlich zweihunderttausend Kriminelle frei herumlaufen sollen und dass es in den Gefängnissen nicht mehr als dreißigtausend Betten gibt. Wenn man sich also nicht beizeiten vormerken lässt, kommt man vor allem in die überfüllten Gefängnisse wie «Regina Coeli» und «Poggioreale» nicht mehr rein.

Premesso che la possibile vittima, il già citato ragioniere Rigotti, è persona decisamente sgradevole e repellente (picchia la figlia diciottenne tutti i sabati sera, ogni volta che la poverina torna tardi a casa), e tenuto conto delle angherie che lo stesso Rigotti mi infligge quotidianamente (auto parcheggiata e chiusa davanti alla mia, ascensore lasciato volutamente con gli sportelli aperti al quinto piano, opposizione preconcetta a qualsiasi mia proposta nelle riunioni di condominio), io sarei deciso all'eliminazione fisica del personaggio sempre che il Suo Ministero mi garantisse gli arresti domiciliari dopo una permanenza in carcere, pro forma, non superiore ai tre mesi. D'altronde, eccellentissimo signor Ministro, se Lei appena appena volesse paragonare il Rigotti ai tanti uomini illustri eliminati dai terroristi negli anni Settanta, non potrebbe negarmi, fatte le debite proporzioni, un trattamento di favore.

A proposito di delitti e di pene, un mio carissimo amico, esperto in cose di legge, mi ha assicurato che con il nuovo codice, nel caso che il reo sia confesso e che il delitto non sia ripetibile (non ho, per fortuna, altri ragionieri Rigotti da uccidere), si potrebbero ottenere addirittura gli arresti domiciliari fin dal giorno successivo all'arresto, sempre a patto però che

Angesichts der Tatsache, dass das mögliche Opfer, der bereits erwähnte Buchhalter Rigotti, eine ausgesprochen unangenehme, widerwärtige Person ist (jeden Samstagabend schlägt er seine achtzehnjährige Tochter, wenn die Unglückselige zu spät nach Hause kommt), und in Anbetracht der Schikanen, die ich von Seiten eben dieses Rigotti dauernd hinnehmen muss (er parkt sein Auto vor meinem und schließt es ab, lässt im fünften Stock die Türen des Aufzugs absichtlich offenstehen und stimmt bei den Eigentümerversammlungen prinzipiell gegen jeden meiner Vorschläge), wäre ich zur physischen Eliminierung dieser Person bereit, wenn mir Ihr Ministerium nach einer Pro-forma-Haftstrafe von nicht länger als drei Monaten für den Rest der Strafe Hausarrest garantieren könnte. Im Übrigen, ehrwürdiger Herr Minister, wenn Sie so freundlich wären, den Rigotti mit den vielen berühmten Persönlichkeiten zu vergleichen, die in den Siebzigern von Terroristen ermordet wurden, dann könnten Sie nicht umhin, mir eine bevorzugte Behandlung angedeihen zu lassen.

Was Verbrechen und ihre Bestrafung angeht, hat mir mein engster Freund, ein Experte in juristischen Angelegenheiten, versichert, dass man nach der neuen Rechtsordnung schon einen Tag nach der Festnahme Hausarrest bekommen kann, allerdings nur unter der Voraussetzung, dass der Täter seine Tat gesteht, ehrlich bereut und keine Wiederholungsgefahr besteht. Es gibt für mich glücklicher-

ci si penta sinceramente del gesto commesso. In altre parole, a sentire lui, io ammazzo il Rigotti, dopo di che mi preparo una ventiquattrore con un solo cambio di biancheria, e vado a costituirmi allo sportello del commissariato più vicino, dove mi faranno giurare sul mio onore che non lo farò mai più in futuro.

Be', se tutto questo fosse vero, Eccellenza mia, me lo dica chiaramente che provvederò fin d'oggi a sistemare la pendenza Rigotti. Le assicuro infine che sono un autentico pentito e per di più uno studioso, amante dei classici (sempre secondo il mio amico esisterebbe tra i giudici una maggiore comprensione per gli assassini studiosi).

Chiudo dicendo che non mi spaventano affatto gli arresti domiciliari, anche se dovessero durare molti e molti anni. D'altra parte, mi creda signor Ministro, con tutti gli assassini che sono a piede libero in giro per la città, non è che poi sia tanto consigliabile uscire di casa.

Distinti saluti

weise keine weiteren Rigottis, die ich umbringen müsste. Gemäß der Aussage meines Freundes könnte ich demnach den Rigotti umbringen, mich dann mit Wäsche zum Wechseln für eine Nacht wappnen und im nächsten Polizeirevier melden und dort bei meiner Ehre schwören, es in Zukunft nie wieder zu tun.

Also, wenn sich das alles wirklich so verhält, verehrte Exzellenz, dann sagen Sie es mir klar und deutlich, damit ich die offene Rechnung mit Rigotti begleichen kann. Schließlich versichere ich Ihnen noch, dass ich ein ehrlich reuiger Mensch bin und obendrein ein Akademiker, der die Klassiker liebt. (Nach Meinung meines Freundes haben die Richter für gebildete Mörder eher Verständnis.)

Abschließend möchte ich betonen, dass mich ein Hausarrest überhaupt nicht abschreckt, sollte er auch Jahre dauern. Denn glauben Sie mir, verehrter Herr Minister, bei all den Mördern, die frei in der Stadt herumlaufen, ist es ja nicht wirklich empfehlenswert, sein Haus zu verlassen.

Hochachtungsvoll

Una sessuologa scandinava ha definito il maschio italiano il partner migliore esistente sulla piazza, soprattutto se valutato sulla tenuta delle due settimane, e di questo la ringrazio commosso, anche a nome dei miei compatrioti. Ciò nonostante, mi permetto di dissentire dalla sua analisi, essendoci stato in questi ultimi anni, dalle nostre parti, un sensibile calo della libido. Cominciando dal sottoscritto, infatti le due settimane rappresentano un impegno proibitivo, e a tale proposito la pregherei d'informare le sue graziose connazionali che, mentre sulla breve distanza, ovvero sul weekend, possiamo ancora dire la nostra, sul ponte di quattro giorni non rilasciamo alcuna garanzia.

Tempo fa sono stato ospite di uno show televisivo dove si esibivano dodici fanciulle pressoché nude, o per meglio dire «vestite» solo di disegni zodiacali. Stavamo tutti assiepati dietro le quinte del Teatro Romano di Benevento in attesa di essere chiamati da Pippo Baudo. Presenti, tra i tanti artisti, anche cinquanta studenti di una scuola locale vestiti da personaggi di Walt Disney. Ebbene, ho avuto modo di osservare come nessuno

Eine Sexualforscherin aus Skandinavien hat den italienischen Mann als den besten Partner weit und breit bezeichnet, vor allem, was seine Zwei-Wochen-Ausdauer betrifft. Ich bin gerührt und bedanke mich bei ihr, auch im Namen meiner Landsleute. Trotzdem sei es mir gestattet, mit ihrer Analyse nicht in allen Punkten übereinzustimmen. Hierzulande hat nämlich in den letzten Jahren die Libido empfindlich abgenommen. Angefangen beim Verfasser, sind die besagten zwei Wochen niemandem zuzumuten. Das ist eine Anstrengung, die verboten gehört. In diesem Zusammenhang möchte ich Sie bitten, Ihre netten Landsmänninnen darüber zu informieren, dass wir zwar kurzzeitig, etwa übers Wochenende, unseren Beitrag sehr wohl zu leisten vermögen. Für vier aufeinanderfolgende Tage können wir jedoch keine Garantie übernehmen.

Vor einiger Zeit war ich Gast in einer Fernsehshow, in der sich zwölf junge Damen fast nackt präsentierten, oder besser gesagt, nur mit dem Emblem der Tierkreiszeichen «bekleidet». Wir standen alle dicht gedrängt hinter den Kulissen des Teatro Romano di Benevento und warteten auf das Zeichen von Pippo Baudi. Nebst vielen Künstlern waren auch fünfzig Schüler einer lokalen Schule vor Ort, die als Walt-Disney-Figuren verkleidet waren. Mir fiel auf, dass die jungen Männer sich

dei ragazzi si sia mai voltato a guardare le modelle. Gli unici ad avere lo sguardo stravolto eravamo: io, i pompieri, i carabinieri e il funzionario di servizio.

Da che cosa dipende il calo della libido delle nuove generazioni? Non lo so, non sono un esperto in materia. Al massimo potrei definirmi un dilettante, nel senso letterale del termine. Provo quindi ad avanzare solo delle ipotesi, e a tale proposito cito due versi di un'antica canzone napoletana: «*Le tue trezze nere me mettono / int'o core mille male pensiere*».

Ora la mia tesi è che i «*male pensiere*» (e con essi il testosterone) siano direttamente proporzionali alle difficoltà che s'incontrano nel convincere l'altro sesso. L'erotismo, in altre parole, sarebbe una molla che scatta solo se qualcuno, in precedenza, ha provveduto a comprimerla.

Dicevano i futuristi: « Perché solo la Vista e l'Udito debbono godere dell'arte? E il Tatto? Che vi ha fatto di male il Tatto per privarlo dei piaceri estetici? ». E s'inventarono le mostre tattili, ovvero rassegne di opere che si potevano solo toccare. Il visitatore immergeva la mano in uno scatolone di legno ed entrava in contatto con il capolavoro. Fuori il titolo *(L'Eternità, L'Invidia, L'Infinito)* e dentro l'opera (uno strato di

kein einziges Mal nach den Models umdrehten. Die Einzigen, die einen verklärten Blick bekamen, waren ich, die Feuerwehrleute, die Polizisten und ein Behördenvertreter.

Worauf ist der Libidoverlust der jungen Generation zurückzuführen? Ich weiß es nicht. Ich bin kein Experte auf diesem Gebiet. Ich bin allenfalls ein Amateur im buchstäblichen Sinne des Wortes. Ich kann also nur einige Vermutungen anstellen und zitiere zu diesem Zwecke zwei Verse des alten neapolitanischen Liedes von den schwarzen Zöpfen, die einen auf üble Gedanken kommen lassen *(«Le tue trezze nere me mettono / int'o core mille male pensiere»).*

Ich behaupte jetzt, dass «die üblen Gedanken» (und mit ihnen das Testosteron) sich direkt proportional zu den Schwierigkeiten verhalten, denen man bei der Eroberung des anderen Geschlechts begegnet. Mit anderen Worten, die Erotik wäre demnach wie eine Feder, die nur dann in die Höhe schnellt, wenn sie vorher jemand gespannt hat.

Die Futuristen sagten: «Warum sollen nur die Augen und das Gehör die Kunstwerke genießen dürfen? Was ist mit dem Tastsinn? Was hat der Tastsinn Böses getan, dass man ihm die ästhetischen Genüsse vorenthalten will?» Daraufhin hat man Ausstellungen konzipiert mit Werken, die man nur ertasten konnte. Der Besucher steckte etwa seine Hand in einen Holzkasten und nahm mit dem Meisterwerk Kontakt auf. Außen der Titel (‹Ewigkeit›, ‹Neid›, ‹Unendlichkeit›) und innen das Kunstwerk (eine Schicht aus Watte,

ovatta, una spazzola, una pezza bagnata). Una delle opere era intitolata *Erotismo,* e fu grazie a essa che riuscii, finalmente, a capire il mistero del sesso. Si trattava di una tavoletta di gomma, quadrata, larga all'incirca quaranta centimetri per quaranta e alta cinque. Nella gomma erano stati praticati trentasei buchi, tutti in fila per sei. Su un cartello si leggeva: « Introducete un dito nel buco preferito, facendo attenzione, però, perché in uno dei buchi è nascosto un chiodo rivolto verso l'alto ». Infilai subito l'indice nel primo foro in alto a sinistra e, non trovando nessun chiodo, proseguii, con cautela, a esplorare tutti gli altri pertugi. Più andavo avanti e più avevo paura di pungermi. Solo alla fine, quando mi resi conto che non c'era nessun chiodo, capii il messaggio dell'artista. L'erotismo è una stanza buia dove si entra con molta curiosità e con un pizzico di paura, è il possesso della persona amata unito all'ansia di perderla, è la continua ricerca del limite. Se invece accendiamo la luce, sparisce tutto il piacere e con esso anche l'erotismo.

eine Bürste oder ein nasser Lappen). Eines der Werke trug den Titel ‹Erotik› und ihm ist es zu verdanken, dass ich endlich das Mysterium des Sexes verstanden habe. Es handelte sich um eine kleine quadratische Gummiplatte, ungefähr vierzig mal vierzig Zentimeter groß und fünf Zentimeter hoch. In dem Gummi befanden sich sechsunddreißig Löcher in Sechserreihen. Auf einem Schild stand: « Steckt euren Finger in ein beliebiges Loch. Passt aber gut auf! In einem der Löcher ist ein Nagel mit der Spitze nach oben versteckt. » Schnell steckte ich den Zeigefinger ins erste Loch links oben. Da ich auf keinen Nagel stieß, habe ich vorsichtig nacheinander alle anderen Löcher erkundet. Je mehr Löcher ich untersucht hatte, desto mehr Angst bekam ich, mich zu stechen. Erst ganz am Schluss, als mir bewusst wurde, dass es gar keinen Nagel gab, habe ich die Botschaft des Künstlers verstanden. Die Erotik ist ein dunkles Zimmer, das man voller Neugierde und auch mit ein bisschen Angst betritt. Es geht um den Besitz der geliebten Person, verbunden mit der Angst, sie zu verlieren, und um ständige Grenzerfahrungen. Wenn man aber Licht hineinbringt, geht der ganze Reiz verloren und mit ihm auch die Erotik.

Anni fa ho trascorso buona parte della Settimana del Libro a girare per librerie in compagnia di un somarello di nome Rosina. Sono stato a Napoli, nella Galassia Gutenberg, a Roma, nel centro commerciale di Cinecittà Due, e a Milano, nell'Ottagono in Galleria. Dovunque ho provato a fare un esperimento scientifico: ho posto sul tavolo, a un metro di distanza dal muso della povera bestia, un libro e una carota, e, incredibile a dirsi, Rosina ogni volta si è fiondata sulla carota.

I presenti ridevano di cuore e nessuno si rendeva conto che stavo parlando proprio di lui, dell'uomo che non ha mai letto un libro, ovvero di due terzi dei nostri compatrioti. La maggior parte degli italiani, infatti, la sera, dopo cena, tra un buon libro e una carota televisiva, sceglie sempre, inevitabilmente, la carota, anche quando questa non è di prima qualità.

Ma perché bisogna leggere? Perché tra un lettore e uno spettatore televisivo la differenza è abissale. Quando si legge un libro infatti, per quanto bravo possa essere stato l'autore, le informazioni che ne riceviamo sono sempre incomplete. Supponiamo, per esempio, che io stia leggendo *Delitto e*

Vor Jahren brachte ich einen guten Teil der « Woche des Buches » damit zu, in Begleitung eines kleinen Esels durch die Buchhandlungen zu ziehen. Er hörte auf den Namen Rosina. In Neapel war ich in der « Galaxie Gutenberg », in Rom im Einkaufszentrum von « Cinecittà Due » und in Mailand im « Oktagon » in der Galleria. Überall habe ich versucht, ein wissenschaftliches Experiment durchzuführen. Einen Meter vor dem Maul des armen Tieres legte ich eine Möhre und ein Buch auf einen Tisch. Man glaubt es kaum, aber jedes Mal hat sich Rosina auf die Möhre gestürzt.

Die das sahen, lachten herzlich und niemand merkte, dass ich auf diejenigen unter ihnen abzielte, die nie ein Buch gelesen hatten, das heißt auf zwei Drittel unserer Mitbürger. Tatsächlich greifen die meisten Italiener nach dem Abendessen statt zu einem guten Buch unweigerlich zu einer « Fernsehmöhre », auch wenn diese nicht von erster Qualität ist.

Aber warum soll man denn lesen? Weil zwischen einem Lesenden und einem Fernsehzuschauer ein himmelweiter Unterschied besteht. Wenn man ein Buch liest, sind die Informationen, die man bekommt, immer unvollständig. Da mag der Schriftsteller noch so gut gewesen sein. Nehmen wir zum Beispiel an, ich lese gerade ‹ Schuld und Sühne ›.

castigo, ebbene, la faccia dell'usuraia Alena Ivanovna, il vestito di Raskol'nikov, il vociare ubriaco di Marmeladov, la tappezzeria gialla della stanza del delitto e il grigiore plumbeo del cielo di San Pietroburgo debbo sempre immaginarmeli io, e questo mi fa crescere la fantasia, mi allarga l'anima, mi fa vivere una seconda vita.

Lo spettatore di una telenovela, invece, non deve sottoporsi a nessuno sforzo. Tutto gli viene servito, direttamente in poltrona, nei minimi particolari: le facce, gli ambienti, i gesti, le voci. Lui può restarsene passivo, immobile come una statua, davanti al televisore, e la sua immaginazione ha tutto il tempo per riposare.

La televisione è dunque il nostro nemico? Non sono così irriconoscente da dichiararlo (in particolare io che debbo quasi tutto al tubo catodico). Il problema piuttosto sta nella misura: due ore al giorno sono stimolanti, cinque ore letali.

Le mie riflessioni vanno indirizzate in particolar modo ai genitori. Fate in modo che i vostri figli imparino a leggere e vi accorgerete che la loro vita cambierà da così a così. Come già detto, la povertà del futuro sarà l'ignoranza, e le differenze sociali degli anni a venire saranno stabilite, più che dal denaro, dalla cultura di chi sa qualcosa e di chi non

Dann muss ich mir alles selbst vorstellen: das Gesicht der Wucherin Alena Iwanowna, die äußere Erscheinung von Raskolnikow, das betrunkene Gegröle Marmeladows, die gelbe Tapete des Zimmers, in dem das Verbrechen stattgefunden hat, und das bleierne Grau des Himmels über Sankt Petersburg. Dabei erblüht meine Phantasie, meine Seele weitet sich und ich lebe ein anderes Leben.

Bei einer Fernsehserie muss sich der Zuschauer kein bisschen anstrengen. Alles wird ihm bis in die kleinsten Einzelheiten an den Sessel serviert, die Gesichter, die Umgebung, die Gestik und die Stimmen. Er kann passiv und unbeweglich wie eine Statue vor dem Fernsehgerät sitzen bleiben und sein Vorstellungsvermögen liegt die ganze Zeit brach.

Ist das Fernsehen deshalb unser Feind? Ich bin nicht so undankbar, das zu behaupten. Gerade ich verdanke dem Röhrenbildschirm fast alles. Das Problem liegt mehr beim Maß. Zwei Stunden am Tag sind anregend, fünf Stunden sind tödlich.

Meine Überlegungen richten sich vor allem an die Eltern. Sorgt dafür, dass eure Kinder lesen lernen und ihr werdet sehen, dass das Lesen ihr Leben vollständig verändern wird. Wie schon gesagt, die Armut der Zukunft wird Unwissenheit sein. Die sozialen Unterschiede werden in Zukunft weniger am Geld als an Wissen oder Unwissenheit festgemacht werden. Im Übrigen verkümmern nicht

sa niente. D'altronde la fantasia, al pari dei muscoli, se non viene esercitata si atrofizza.

La mente ha bisogno di libri così come il corpo ha bisogno di proteine, e dal momento che all'inizio il leggere è sul serio una « fatica », che si usino pure tutti i generi di lettura, anche quelli considerati minori, per abbattere il muro della pigrizia : magari i fumetti, Salgari, Liala, Agatha Christie, Simenon, e perché no, anche De Crescenzo. Più volte, infatti, mi sono definito una di quelle scalette di soli tre gradini che si trovano nelle biblioteche : modeste nelle dimensioni, ma indispensabili per poter prendere i libri che si trovano più in alto.

nur die Muskeln, wenn sie nicht trainiert werden, sondern auch die Phantasie.

Der Verstand braucht Bücher wie der Körper Proteine. Anfänglich bereitet das Lesen wirklich Mühe, und um die Mauer der Bequemlichkeit zu überwinden, sollte man deshalb alle Arten von Literatur lesen, auch weniger anspruchsvolle. Comics, Salgari, Liala, Agatha Christie, Simenon und warum nicht auch mal De Crescenzo. In der Tat habe ich mich mehrfach mit den dreistufigen Leitern verglichen, die man in den Bibliotheken vorfindet. Bescheiden in der Größe, aber unentbehrlich, um an die Bücher zu kommen, die weiter oben angesiedelt sind.

Mia madre, Giulia Panetta, nacque nel 1883 in via Mancini alla Duchesca. A quarant'anni era ancora zitella. La gente del quartiere diceva: «*Puverella, nun ha avuto 'a ciorta!*» e cioè « non ha avuto fortuna ». E invece, quando ormai si era rassegnata, ecco comparire all'orizzonte un uomo di mezz'età con idee matrimoniali: commerciante, capelli bianchi, occhi azzurri e una « buona nominata ». Gli informatori di famiglia dissero: « È tanto una brava persona, non tiene nemmeno un debito ! ». Una volta sposati, andarono a vivere a Santa Lucia.

Quando nacqui io, papà aveva cinquant'anni e mamma quarantacinque. Questa grande differenza di età tra me e loro ha fatto sì che nessuno dei due abbia potuto seguire l'evolversi della mia vita. Papà mi lasciò che ero appena entrato all'università e mamma quando ancora non avevo dato le dimissioni dalla IBM. Io non so se esista il Paradiso e se loro se lo siano guadagnato, ma lo spero moltissimo. Per mia madre non ho dubbi: se ci fosse un Paradiso da qualche parte, lei sarebbe lì. Diciamo che le spetterebbe di diritto. Casa negozio e

Meine Mutter, Giulia Panetta, wurde 1883 in der Duchescha* in der Via Mancini geboren. Mit vierzig war sie immer noch ledig. Die Leute in ihrem Viertel munkelten schon: «Arme Frau, sie hat kein Glück gehabt.» Aber es kam ganz anders. Als sie sich schon damit abgefunden hatte, tauchte am Horizont ein Mann mit Heiratsabsichten auf. Ein Geschäftsmann mittleren Alters mit weißen Haaren, blauen Augen und einem «guten Ruf». Die Informanten der Familie beurteilten ihn folgendermaßen: «Er ist ein hochanständiger Mensch, er hat nicht einmal Schulden.» Nach der Hochzeit zogen sie nach Santa Lucia.

Als ich geboren wurde, war Papa schon fünfzig und Mama fünfundvierzig. Dieser große Altersunterschied zwischen ihnen und mir hat dazu geführt, dass keiner von beiden die Entwicklungen in meinem Leben mitbekam. Papa starb, als ich gerade an die Universität ging, und meine Mutter, als ich bei IBM noch nicht gekündigt hatte. Ich weiß nicht, ob es ein Paradies gibt und ob sie es sich verdient haben. Aber ich hoffe es sehr. Bei meiner Mutter habe ich keine Zweifel. Sollte es irgendwo ein Paradies geben, wäre sie dort. Sagen wir so, es stünde ihr von Rechts wegen zu. Kinder, Küche, Kirche

* Armenviertel in Neapel

chiesa, chiesa negozio e casa, *mammà* non ha fatto altro che lavorare e pregare per tutta la vita. Quanto a mio padre, invece, ho qualche perplessità, a causa di quella sua abitudine di prendersela con il Padreterno nei momenti difficili. Però, a pensarci bene, non è che bestemmiasse nel vero senso della parola. Ogni volta che cominciava a dire un « Mannaggia a … » c'era subito un « Sempre sia lodato » di mia madre che gli copriva l'imprecazione.

Probabilmente il Paradiso esiste sul serio: se non abbiamo notizie di prima mano, è perché le anime celesti che lo abitano non possono comunicare in alcun modo con noi e non sanno quello che succede sulla Terra. Sono così isolati che ogniqualvolta giunge un carico di anime, papà e mamma sono lì, sulla soglia del Paradiso, che chiedono informazioni a tutti i napoletani in arrivo.

« Da dove venite? »

« Da Napoli. »

« Da quale quartiere? »

« Dal Vomero. »

« Sapete niente di un certo Luciano De Crescenzo? »

« Chi, lo scrittore? »

« No, mio figlio è ingegnere » risponderebbe mia madre con una punta d'orgoglio. « Ingegnere alla Upim. »

oder Kirche, Küche, Kinder. Mama hat ein Leben lang nur gearbeitet und gebetet. Was meinen Vater betrifft, bin ich mir nicht ganz so sicher. Er hatte nämlich die Angewohnheit, in schwierigen Situationen mit Gottvater zu hadern. Aber im Grunde genommen hat er nicht wirklich gegen Gott gelästert. Jedes Mal, wenn er mit einem «Verdammt noch mal ...» anfing, hörte man sofort ein «Gelobt sei er in Ewigkeit», mit dem meine Mutter sein Fluchen übertönte.

Womöglich gibt es das Paradies wirklich, auch wenn wir keine Informationen aus erster Hand haben. Die himmlischen Seelen, die im Paradies wohnen, können auf keine Weise mit uns Kontakt aufnehmen und wissen nicht, was sich auf Erden zuträgt. Sie sind so sehr von allem abgeschnitten, dass jedes Mal, wenn eine Ladung Seelen ankommt, Papa und Mama dort an der Schwelle stehen und von all denen, die aus Neapel kommen, Neuigkeiten erfahren möchten.

«Woher kommt ihr?»

«Aus Neapel.»

«Aus welchem Stadtteil?»

«Aus Vomero.»

«Wisst ihr nichts von einem gewissen Luciano De Crescenzo?»

«Dem Schriftsteller?»

«Nein, mein Sohn ist Ingenieur», würde meine Mutter wohl mit einem Anflug von Stolz antworten. «Ingenieur bei Upim*.»

* Italienische Kaufhauskette

Sono stato quasi vent'anni alla IBM, ma a mia madre, chissà perché, non è mai entrato in testa il nome di questa azienda: la confondeva con la Upim.

« Veramente c'è un Luciano De Crescenzo ingegnere, che presenta i computer in televisione » direbbe il nuovo venuto « però, vi ripeto, è sempre quello di prima: lo scrittore. Tiene i capelli grigi e la barba bianca. Vostro figlio tiene la barba? »

« No, ma quale barba » esclamerebbe mia madre. « Lì alla Upim non gli permetterebbero mai di farsi crescere la barba. E poi mio figlio è timido: non è il tipo di persona che potrebbe fare il presentatore televisivo. È tanto un bravo ragazzo! »

« Scusate se insisto » continua l'anima « ma questo vostro figlio non è per caso quello che ha fatto il regista di *Così parlò Bellavista*? Sapete perché ve lo chiedo? Perché a me questo film è piaciuto moltissimo. Pensate che me lo sono visto tre volte! »

« No, non è mio figlio: quella che dite voi è tutta un'altra persona. »

Poi, un bel giorno (o un brutto giorno, se proprio la vogliamo vedere da un'altra angolazione), arriverei pure io in Paradiso.

Immaginatevi l'incontro: abbracci e baci, lacrime di mia madre, domande di papà

Ich war etwa zwanzig Jahre bei IBM, aber meine Mutter bekam aus unerfindlichen Gründen den Namen dieser Firma nicht in den Kopf. Sie verwechselte sie immer mit Upim.

«Es gibt in der Tat einen Ingenieur Luciano De Crescenzo, der im Fernsehen Computer vorstellt», würde der Neuankömmling sagen, «aber das ist der gleiche, den ich vorher schon genannt habe, der Schriftsteller. Er hat graue Haare und einen weißen Bart. Trägt Ihr Sohn einen Bart?»

«Um Himmels willen, was für einen Bart?», würde meine Mutter empört sagen. «Bei Upim würden sie ihm niemals erlauben, sich einen Bart stehen zu lassen. Im Übrigen ist mein Sohn schüchtern. Er ist kein Mensch, der im Fernsehen auftreten könnte. Er ist so ein guter Junge.»

«Verzeihung», fährt die Seele fort, «aber ich möchte nochmals darauf zurückkommen, Ihr vermeintlicher Sohn ist nicht zufällig der Regisseur von ‹Così parlò Bellavista›? Wissen Sie, warum ich das frage? Weil mir dieser Film besonders gut gefallen hat. Stellen Sie sich vor, ich habe ihn mir drei Mal angesehen!»

«O nein, das ist nicht mein Sohn. Sie sprechen von einer ganz anderen Person.»

Dann käme auch ich eines schönen oder auch weniger schönen Tages im Paradies an, je nach dem, aus welchem Blickwinkel wir es betrachten wollen.

Stellt euch dieses Wiedersehen vor: Umarmungen, Küsse und Tränen bei meiner Mutter, Fragen

che si accavallano con le mie, insomma tutta una vita da raccontare in pochi minuti.

«Come stai?»

«Abbastanza bene, tenuto conto che sono appena morto.»

«Ma che cosa hai fatto in tutto questo tempo? Racconta! Comunque non ti preoccupare, dicci tutto con calma: tanto qua, se c'è una cosa che non manca, è il tempo.»

E io racconterei la mia vita dalla loro scomparsa in poi: il lavoro da ingegnere, i computer, le dimissioni dalla IBM, i primi libri, le trasmissioni televisive, il volume fotografico su Napoli, la *Storia della filosofia greca*, i film, il trasferimento a Roma eccetera eccetera.

«Scusami, toglimi una curiosità» direbbe mio padre «ma tu non avevi detto che volevi fare l'ingegnere idraulico? E poi ti sei messo a lavorare nei computer!»

«Sì: scelsi idraulica perché avevo sentito dire che l'Italia era una nazione idraulicamente dissestata. Dighe da fare, argini da controllare, alluvioni, smottamenti, frane, comuni privi di fognature. Insomma, a quell'epoca ero convinto che gli ingegneri idraulici fossero indispensabili ...»

«E invece?»

meines Vaters, die sich mit den meinigen nur so überschlügen. Schließlich müsste das ganze Leben in wenigen Minuten erzählt werden.

«Wie geht es dir?»

«Ziemlich gut, wenn man bedenkt, dass ich gerade gestorben bin.»

«Was hast du denn die ganze Zeit gemacht? Erzähl doch mal! Aber immer langsam, eins nach dem anderen. So viel ist sicher: Das Einzige, was uns hier nicht fehlt, ist die Zeit.»

Ich würde dann darüber berichten, wie mein Leben nach ihrem Tod verlaufen ist. Meine Tätigkeit als Ingenieur, die Computer, die Kündigung bei IBM, die ersten Bücher, die Fernsehsendungen, der Bildband über Neapel, die ‹Geschichte der griechischen Philosophie›, die Filme, der Umzug nach Rom und so weiter und so fort.

«Entschuldige, aber bitte klär mich auf», würde mein Vater einwenden, «hattest du nicht gesagt, du wolltest Wasserbauingenieur werden? Und dann hast du mit Computern angefangen!»

«Richtig. Ich hatte mich für die Wasserwirtschaft entschieden, weil ich mitbekommen hatte, dass in Italien dieser Wirtschaftszweig im Argen liegt: Dämme, die gebaut, Staumauern, die kontrolliert werden müssten, Überschwemmungen, Erdrutsche und Bergstürze, Gemeinden ohne Kanalisation. Damals war ich jedenfalls davon überzeugt, Wasserbauingenieure wären dringend vonnöten.»

«Und stattdessen?»

«E invece per trovare un posto fisso sono stato costretto a buttarmi nei computer.»

«E poi?»

«Poi, a un certo punto, quando ero già diventato dirigente, mi sono scocciato di andare ogni giorno in ufficio e detti le dimissioni.»

«Gesù, Gesù» direbbe mia madre, «a rischio di finire in mezzo a una strada!»

«Così cominciai a fare lo scrittore.»

«Allora aveva ragione quel signore l'anno scorso. Giulia, te lo ricordi quel signore di Milano che arrivò con tutta la famiglia perché aveva avuto la disgrazia sull'autostrada?»

«Come no! Quello diceva: «Signora, le assicuro che suo figlio fa lo scrittore». E io dicevo: «Ma non può essere, voi state scherzando». E lui a insistere: «Ma si figuri se ho voglia di scherzare dopo quello che mi è successo!».»

«E che si può guadagnare facendo lo scrittore?» chiederebbe mio padre.

«Be', se si ha la fortuna d'imbroccare un bestseller, ma uno di quelli che durano tanto, si possono fare anche molti soldi.»

«E tu quanto hai guadagnato?»

Starei lì lì per dirlo, ma mia madre mi consiglierebbe di abbassare la voce.

«Stattdessen musste ich mich auf das Computergeschäft verlegen, um eine Festanstellung zu ergattern.»

«Und dann?»

«Dann, als ich schon eine leitende Position in der Firma innehatte, war ich es eines Tages leid, jeden Tag ins Büro zu trotten, und schließlich habe ich gekündigt.»

«O mein Gott», würde meine Mutter sagen, «auf die Gefahr hin, plötzlich auf der Straße zu stehen.»

«Danach habe ich mit der Schriftstellerei angefangen.»

«Er hatte also recht, dieser Herr im letzten Jahr. Erinnerst du dich an den Herrn aus Mailand, Giulia, der nach einem Unfall auf der Autobahn mit seiner ganzen Familie hier ankam?»

«Natürlich, er hatte gesagt: ‹Gnädige Frau, ich versichere Ihnen, dass Ihr Sohn Schriftsteller ist.› Ich erwiderte damals: ‹Das kann gar nicht sein, Ihr beliebt zu scherzen.› Aber er bestand darauf. ‹Wo denken Sie hin, meinen Sie, mir ist nach Scherzen zumute, nachdem, was mir zugestoßen ist?›»

«Was verdient man denn so als Schriftsteller?», würde mich der Vater fragen.

«Na ja, wenn man das Glück hat, einen Bestseller zu landen, der sich lange hält, kann man zu viel Geld kommen.»

«Und wie viel hast Du verdient?»

Ich wäre drauf und dran, damit herauszuplatzen, aber meine Mutter würde mir raten, leiser zu sein.

«Ssss … *nun te fa' sentì:* qua sono tutti invidiosi.»

«Ma non siamo in Paradiso?»

«Sì, ma è meglio non far sapere i fatti propri agli altri» insisterebbe *mammà,* guardandosi intorno.

«Dunque, con la filosofia greca, che è stata tradotta un po' dovunque, perfino in Giappone, su per giù ho guadagnato …»

E qui, seguendo il consiglio di mamma, direi sottovoce la cifra complessiva.

«Milioni?!!!» esclamerebbe mio padre al colmo dello stupore.

«Si capisce: milioni» ripeterei io.

«Ma allora tu sei milionario?!»

«Papà, oggi in Italia, in lire, sono tutti milionari!»

«Gesù, Gesù, *cos' è pazze*! E chissà quanti guanti si vendono.»

«In verità, di guanti se ne vendono pochi.»

«In che senso?»

«Nel senso che nessuno usa più i guanti per uscire.»

«Hai capito Giulia» direbbe mio padre alla mamma. «Milionari sì, ma eleganti no! Non c'è niente da fare, io l'ho sempre detto: eleganti si nasce. Uno può anche diventare ricco da un momento all'altro, però se non ha classe resta sempre 'nu pezzente!»

«Psst, nicht so laut! Hier sind alle neidisch.»

«Sind wir denn nicht im Paradies?»

«Das schon, aber es ist besser, die anderen aus den privaten Angelegenheiten herauszuhalten», würde Mama ganz energisch sagen und sich dabei umschauen.

«Also, mit der ‹Griechischen Philosophie›, die ja in fast alle Sprachen übersetzt worden ist, sogar ins Japanische, habe ich ungefähr …»

Und hier würde ich dem Rat meiner Mutter folgen und die Gesamtsumme nur flüstern.

«Millionen?!!!», würde mein Vater bass erstaunt ausrufen.

«Du hast richtig verstanden, Millionen», würde ich wiederholen.

«Du bist also Millionär?!»

«Papa, heute sind in Italien alle Lire-Millionäre!»

«Oh mein Gott, Wahnsinn! Wer weiß, wie viele Handschuhe da verkauft werden …»

«Tatsächlich verkauft man kaum mehr Handschuhe.»

«Was heißt das?»

«Das heißt, niemand trägt mehr Handschuhe, wenn er ausgeht.»

«Siehst du, Giulia», würde mein Vater zu meiner Mutter sagen, «sie sind zwar Millionäre, aber von Eleganz keine Spur! Da ist nichts zu machen. Ich habe es ja immer gesagt, Eleganz ist angeboren. Man kann zwar sehr schnell zu Reichtum gelangen, ohne Sinn für Stil bleibt man aber immer ein Penner.»

«A proposito, papà: qua sopra avete mai incontrato uno che si chiama Socrate?»

«Uno vestito una schifezza, *curto e chiatto e cu 'na faccia 'e cane bulldog*?»

«Sì, proprio lui.»

«Gira sempre da queste parti, però se vuoi un consiglio, tieniti alla larga. È uno di quelli che quando ti attacca bottone non te lo stacchi più di dosso. Hai voglia di dirgli: «Socrate, hai ragione» che lui subito ti risponde: «E dal momento che mi dai ragione, ammetti di sapere da che parte sta la ragione?». Insomma, figlio mio, se vuoi vivere tranquillo ci sono quattro o cinque persone qua sopra che devi scansare: Socrate, Cicerone, Silvio Pellico e Cambronne.»

«Übrigens, Papa, seid ihr hier oben einem begegnet, der Sokrates heißt?»

«Scheußlich angezogen, klein und untersetzt, ein Gesicht wie eine Bulldogge?»

«Ja, das muss er sein.»

«Er schleicht hier immer herum, aber ich kann dir nur einen Rat geben: Geh ihm aus dem Weg. Er ist einer von denen, die du nicht mehr loswirst, wenn sie dich einmal angequatscht haben. Wenn du ihm recht geben möchtest, antwortet er dir schlagfertig: «In dem Augenblick, in dem du mir recht gibst, nimmst du da nicht an, zu wissen, auf welcher Seite das Recht steht?» Also, mein lieber Sohn, wenn du hier deine Ruhe haben möchtest, dann musst du ein paar Leuten aus dem Weg gehen: Sokrates, Cicero, Silvio Pellico und Cambronne*.»

* Silvio Pellico (1789–1854): Italienischer Schriftsteller
Pierre Cambronne (1770–1842): Französischer General des ersten Kaiserreichs

ARISTIPPO CI INSEGNA A USARE INTERNET

Fino a pochi anni fa essere analfabeta voleva dire non saper leggere e scrivere. Oggi, invece, per meritarsi l'epiteto, è sufficiente non conoscere l'inglese e non saper usare il computer. Tra non molto nessuno potrà più ottenere un impiego decente se non conosce a fondo Internet. Cominciamo col chiederci che diavolo è Internet. E un aggeggio apparentemente simile a un televisore che sta muto e immobile davanti a noi e che soddisfa ogni nostro bisogno d'informazione. In altre parole, una specie di lampada di Aladino.

Nel famoso film di Fritz Lang, *Metropolis* (1927), le città venivano viste come degli agglomerati di case il cui cielo era attraversato di continuo da navicelle spaziali. Oggi, invece, a conti fatti, ci siamo resi conto che a viaggiare sono soprattutto le informazioni e quasi mai gli esseri umani. Il telelavoro, in particolare, potrebbe farci lavorare a casa senza avere nemmeno il fastidio di andare ogni giorno in ufficio.

Un vantaggio fin troppo evidente di Internet è l'interattività. Spieghiamo di cosa si tratta: Socrate in un dialogo di Pla-

ARISTIPPOS LEHRT UNS DEN UMGANG MIT DEM INTERNET

Bis vor wenigen Jahren verstand man unter einem Analphabeten jemanden, der nicht lesen und schreiben kann. Heute reicht es dagegen, die englische Sprache nicht zu beherrschen und keine Computerkenntnisse zu haben, um sich diesen Schimpfnamen einzuhandeln. Schon bald wird man ohne gründliche Computerkenntnisse keine Chance mehr haben, eine angemessene Anstellung zu bekommen. Fragen wir uns doch einmal, was zum Teufel das Internet eigentlich ist. Der Computer ist ein fernsehähnliches Gerät, das stumm und unbeweglich vor uns steht und unseren Informationsbedarf vollständig deckt. Mit anderen Worten, so etwas wie Aladins Wunderlampe.

In ‹Metropolis›, dem berühmten Film von Fritz Lang aus dem Jahre 1927, werden die Städte als Häuseransammlungen dargestellt, über denen der Himmel kontinuierlich von Raumschiffen durchkreuzt wird. Heute ist uns aber klar, dass es vor allem die Informationen sind, die reisen, und fast nie die Menschen. Besonders die Arbeit von zu Hause aus via Internet könnte uns die Mühe ersparen, jeden Tag ins Büro zu gehen.

Ein ganz offensichtlicher Vorteil des Internets ist die Interaktivität. Ich möchte näher erläutern, was ich meine. In einem Dialog in Platons ‹Phaidros›

tone, il *Fedro,* si scaglia contro la scrittura. Danneggerà, diceva, le nostre qualità mnemoniche. Sapendo di possedere tutta la conoscenza in un libro, non ci sforzeremo più di ricordare e questo ci renderà peggiori. Un libro, precisava, può rispondere solo in un modo: quello già deciso dal suo autore. Dialogare con un libro è inutile: è come parlare a una statua. Con Internet, invece, è possibile il dialogo. Chiedere maggiori informazioni su ciò che ci interessa, se non, addirittura, personalizzare le risposte.

Nel medesimo tempo, però, la convivenza col mezzo è irta di pericoli. Il primo che mi viene in mente è la facilità di accesso: chiunque può entrare in Internet e trasmettere quello che vuole, quindi anche i maniaci, i rompiscatole e i perdigiorno. Chi ha posseduto, seppure per breve tempo, un sito Internet, sa di che cosa sto parlando. L'e-mail è particolarmente fastidiosa. Soprattutto per i personaggi pubblici: guai a rispondere! S'innescano giri di corrispondenza che non hanno fine.

Ma c'è dell'altro: i videogiochi, per esempio. Ogni computer possiede una serie interminabile di «giochini». Il peggiore è il «Tetris»: se lo si gioca spesso, la notte, poi, non si riesce a dormire. I quadratini colorati continuano a cadere come una cascata inarrestabile all'interno delle palpebre e t'impediscono di pren-

wettert Sokrates gegen das Aufschreiben. Er meint, das würde unserem Erinnerungsvermögen schaden. Wenn man das ganze Wissen in Form eines Buches besitzen könne, müssten wir unser Gedächtnis nicht mehr anstrengen und das wäre zu unserem Nachteil. Ein Buch, präzisierte er, könne auf die Fragen des Lesers nur eine Antwort geben, nämlich die des Autors. Sich mit einem Buch zu unterhalten sei nutzlos. Es sei so, als würde man zu einer Statue sprechen. Im Internet hingegen ist ein Dialog möglich. Man kann viele verschiedene Informationen zu dem, was einen interessiert, erfragen und womöglich sogar eine individuell angepasste Antwort erhalten.

Gleichzeitig birgt der Umgang mit dem Medium Internet viele Gefahren. Zunächst fällt mir da der leichte Zugang ein. Jeder kann ins Internet gehen und mitteilen, was er möchte, also auch die Verrückten, die Nervensägen und die Taugenichtse. Wer auch nur für kurze Zeit eine Webseite hatte, weiß, wovon ich rede. Das E-Mail ist besonders lästig. Vor allem Persönlichkeiten des öffentlichen Lebens sollten sich davor hüten, E-Mails zu beantworten, wenn sie nicht endlose Mailwechsel auslösen wollen.

Aber da gibt es noch mehr, die Computerspiele zum Beispiel. Zu jedem Computer gehören zahllose Spiele. Das schlimmste Spiel ist « Tetris ». Wenn man es zu oft spielt, kann man nachts nicht schlafen. Ununterbrochen fallen die kleinen bunten Quadrate wie ein unaufhaltsamer Wasserfall hinter den Augenlidern nach unten und halten dich wach.

dere sonno. Provare per credere. Il videogioco è una droga : date un computer a un impiegato e questi lo userà per almeno un'ora al giorno solo per giocare. I capufficio sono disperati. Urge un software che impedisca ai dipendenti di giocare durante l'orario di lavoro. E anche i genitori si preoccupano molto quando si accorgono che i propri figliuoli stanno più con la testa nel computer che non nei libri di scuola. Io stesso, pur contro i miei interessi, non riesco a sottrarmi alla seduzione dei videogiochi. La mattina, quando mi siedo davanti al PC, non posso fare a meno di cominciare con un « giochino » : il mio preferito si chiama Mshearts (l'equivalente inglese della Peppa). È irresistibile !

Navigare su Internet è quasi una malattia : azzera i contatti familiari ma anche i rapporti con gli amici.

A questo punto è d'obbligo la domanda : « Dove andremo a finire? ». A essere sincero, non lo so. Quello che so è che finiremo seduti. Di giorno, quando lavoreremo davanti al video di un computer, e di sera quando ci riposeremo davanti al video di un televisore. Di più stimolante non ci resterà che la notte. Prima di prendere sonno, infatti, potremo sempre fare un po' di sesso, a meno che non preferiremo farlo su Internet.

Sarà pericoloso? Minaccerà i rapporti

Probiert es ruhig aus. Computerspiele sind eine Droge. Gebt einem Beamten einen Computer und er wird ihn mindestens eine Stunde am Tag nur zum Spielen benutzen. Die Chefs sind verzweifelt. Es muss dringend eine Software her, die verhindert, dass die Angestellten während der Arbeitszeit spielen. Aber auch die Eltern machen sich große Sorgen, wenn sie merken, dass ihre Kinder vor dem Computer sitzen anstatt ihre Nasen in die Schulbücher zu stecken. Ich selbst schaffe es zu meinem eigenen Schaden nicht, mich der Verlockung der Computerspiele zu entziehen. Wenn ich mich morgens vor meinem PC setze, fange ich unweigerlich mit einem Spielchen an, und zwar am liebsten mit «Mshearts» (das englische Pendant zum italienischen «Peppa»). Einfach unwiderstehlich.

Das Internetsurfen ist recht eigentlich eine Krankheit. Es zerstört sowohl die familiären als auch die freundschaftlichen Beziehungen.

Es drängt sich die Frage auf: «Wohin führt das alles?» Ehrlich gesagt, ich weiß es nicht. Das Einzige, was ich weiß, ist, dass wir im Sitzen enden werden, tagsüber bei der Arbeit vor dem Computerbildschirm und abends beim Relaxen vor dem Fernsehbildschirm. Als letzte Nische für etwas Belebung bleibt uns nur die Nacht. Vor dem Einschlafen könnten wir ja etwas Sex haben, es sei denn, wir bevorzugen auch da das Internet.

Wird es gefährlich werden? Wird das Internet

interpersonali? Renderà l'uomo ancora più solo e stressato? Non lo so. Io, a ogni buon conto, cercherò di usarlo con moderazione. Aristippo, quando fu accusato dai filosofi di Atene di frequentare troppo le puttane, se la cavò dicendo: «Non è riprovevole entrare in casa di Laide, riprovevole è non saperne uscire».

die persönlichen Beziehungen bedrohen? Wird der Mensch noch einsamer und gestresster sein? Ich weiß es nicht. Ich jedenfalls werde versuchen, es mit Maß zu benutzen. Als Aristippos von den Philosophen Athens eines Tages vorgeworfen wurde, er würde zu oft zu den Nutten gehen, zog er sich mit den Worten aus der Affäre: « Es ist nicht verwerflich, das Freudenhaus zu betreten, sondern nicht zu wissen, wie und wann man wieder hinausgeht. »

Odio il telefonino. Quando vedo per strada un essere umano (umano si fa per dire) curvo sul suo cellulare, che parla a voce alta, incurante di chi gli sta intorno, provo un acuto senso di ribrezzo. Penso che nelle città ci dovrebbero essere appositi luoghi di decenza, tipo vespasiani, per consentire, a chi gli scappa, di telefonare senza essere visto.

Ieri ho preso il pendolino Bologna-Roma. Alla mia destra un manager con telefonino. Di fronte un giovanottone con giubbotto di pelle e occhiali Ray-Ban, anche lui con telefonino. Accanto al giovanottone un signore anziano in giacca, cravatta e gilè grigio … in pratica un personaggio vecchio stile. «Almeno questo» penso fra me e me «non lo dovrebbe avere.» E invece ce l'aveva, e come se ce l'aveva! È stato proprio lui il primo a estrarlo dalla custodia. Quando si è sentito lo squillo non si è capito subito per chi fosse la chiamata: c'è stato prima un frenetico tramestio, un dimenarsi generale.

Ognuno ha portato, quasi d'istinto, la mano al proprio telefonino. Poi, una volta accertata la provenienza del suono, tutti si sono rilassati ad eccezione del signore anziano. A que-

DIE KRUX MIT DEM HANDY

Ich hasse das Handy. Wenn ich sehe, wie auf der Straße ein sogenanntes menschliches Wesen sich über ein Handy beugt und mit lauter Stimme spricht, ohne die Umstehenden zu beachten, packt mich tiefer Abscheu. Ich finde, es sollte in den Städten gesonderte Einrichtungen zur Wahrung des Anstands geben, vergleichbar den Pissoirs, um denen, die unbedingt mal müssen, die Möglichkeit zum Telefonat zu geben, ohne dabei gesehen zu werden.

Gestern war ich mit dem Schnellzug von Bologna nach Rom unterwegs. Zu meiner Rechten saß ein Manager mit Handy, mir gegenüber ein kräftiger junger Mann in Lederjacke und Ray-Ban-Brille, auch mit Handy. Neben ihm ein älterer Herr mit Sakko, Krawatte und grauer Weste, eine Erscheinung alten Stils. «Zumindest dieser Herr», dachte ich so bei mir, «hat wahrscheinlich kein Handy.» Aber er hatte eins, und wie! Er war sogar der Erste, der sein Handy aus der Schutzhülle hervorkramte. Als man ein Telefon klingeln hörte, war nicht gleich klar, wem der Anruf galt. Erst einmal allgemeine Hektik und großes Rumgezappel.

Jeder griff instinktiv nach seinem Handy. Als dann das Klingeln geortet war, entspannten sich alle mit Ausnahme des alten Herrn. Mir kam der Gedanke, dass dringend ein Handy erfun-

sto punto, mi sono detto, urge inventare un cellulare che al posto dello squillo pronunci chiaramente il nome del proprietario.

All'apparecchio era la moglie del signore anziano. Lui l'ha prima informata sul viaggio (« Abbiamo appena lasciato Bologna ») poi le ha comunicato che nello scompartimento, giusto di fronte a lui, c'era De Crescenzo. « Non il cantante » ha precisato, « lo scrittore ... quello di *Bellavista.* » Ovviamente la signora ha voluto salutarmi di persona. « Sono una sua ammiratrice, la vedo sempre in televisione. » Le ho risposto che avevamo appena lasciato Bologna. Poi ho dovuto scambiare un saluto cordiale anche con il figlio, con la nuora e con il di lei figlioletto di due anni che nel frattempo si rifiutava di mangiare la pappa. A questo punto, però, sono squillati, pressoché contemporaneamente, anche il secondo e il terzo telefonino.

Il giovanotto era uno sciupafemmine. Nel tratto Bologna-Firenze, malgrado la breve durata del percorso (meno di un'ora da stazione a stazione) ha collezionato la bellezza di quattro telefonate di presunte amanti; tutte trattate, a onor del vero, con lo stesso trasporto e la stessa devozione. « Cara, mi manchi tanto. » « Lo sai che senza te non posso stare. » « Ieri notte ti ho sognato. » L'unica parola che cambiava nel corso della

den werden müsste, das anstatt zu klingeln klar und deutlich den Namen des Eigentümers angibt.

Am Apparat war die Frau des älteren Herrn. Zunächst gab er Auskunft über den Stand der Reise («Wir sind gerade in Bologna abgefahren»). Dann teilte er ihr mit, dass ihm gegenüber im gleichen Abteil De Crescenzo sitze. «Nicht der Sänger», betonte er, «der Schriftsteller, der von ‹Bellavista›.» Natürlich wollte die Frau mich daraufhin persönlich begrüßen. «Ich bin eine Ihrer Bewunderinnen. Ich schaue immer zu, wenn Sie im Fernsehen auftreten.» Ich gab ihr zur Antwort, dass wir gerade in Bologna abgefahren seien. Dann musste ich noch ihren Sohn, ihre Schwiegertochter sowie den zwei Jahre alten Enkel herzlich begrüßen. Letzterer weigerte sich gerade, seinen Brei zu essen. Da klingelten, beinahe gleichzeitig, die beiden anderen Handys.

Der junge Mann war ein Frauenheld. Auf der Strecke Bologna-Florenz hat er trotz der kurzen Fahrzeit von weniger als einer Stunde sage und schreibe vier Telefonate mit mutmaßlichen Freundinnen geführt. Aber man muss ihm zugutehalten, dass er allen die gleiche Begeisterung und Wertschätzung entgegengebracht hat. «Liebling, du fehlst mir so.», «Du weißt, dass ich ohne dich nicht sein kann.», «Letzte Nacht habe ich von dir geträumt.» Das einzige Wort, das in den Tele-

telefonata era il nome di battesimo dell'interlocutrice.

Il più preoccupante di tutti, però, è risultato il manager: doveva essere uno che giocava in Borsa o quanto meno uno che ne capiva. D'accordo, me ne sbarazzo, ma poi che mi compro? CCT? BOT? Superbot? Titoli? Azioni? E quali, di grazia, che io di Borsa non ho mai capito niente?

Il manager, nel suo parlare al telefonino, non era affatto chiaro, come invece erano stati fino a quel momento il playboy e il signore anziano. Lui non faceva mai nomi, non diceva mai numeri, lui si limitava ad accennare a ipotetiche azioni. «No, quelle no ... lo sai che non ci si può fidare: compra quelle altre, quelle che ti ho detto ieri ... ma non metterci tutto, per carità ... Fai un terzo, un terzo e un terzo. Sì, quelle sì, quelle vanno bene, e anche quelle altre ... Sempre però con gli occhi aperti, mi raccomando, e sempre pronti a vendere al minimo cenno di flessione.»

Morale della favola: mi ero portato un libro da leggere un filino impegnativo, il *Nietzsche allo specchio* di Giorgio Penzo, ebbene non ce l'ho fatta: mi sono fermato a pagina dieci. Vuoi per colpa del playboy, vuoi per colpa del giocatore di Borsa, non sono mai riuscito a concentrarmi. Meno male che il signore anziano mi ha fatto fare una tele-

fonaten wechselte, war der Name der Gesprächspartnerin.

Am meisten hat mich aber der Manager beunruhigt. Es musste einer von denen sein, die an der Börse spekulieren oder zumindest ein wenig davon verstehen. « Einverstanden, ich trenne mich davon, aber was soll ich dann kaufen ? CCT ? BOT ? Superbot ? Wertpapiere ? Aktien ? Und welche, bitte schön ? Ich habe doch von der Börse noch nie etwas verstanden. »

Der Manager drückte sich bei Weitem nicht so klar aus, wie es der Playboy und der ältere Herr bis zu diesem Zeitpunkt getan hatten. Er nannte keine Namen, keine Zahlen und beschränkte sich auf Andeutungen möglicher Aktionen. « Nein, die nicht, du weißt doch, dass man sich darauf nicht verlassen kann. Kauf die anderen, die ich dir gestern genannt habe, aber setze, um Himmels willen, nicht alles darauf, splitte es auf in drei Teilsummen. Ja, die auf alle Fälle, die laufen gut und auch die anderen. Halte aber gefälligst die Augen offen und vergiss nicht, bei den geringsten Schwankungen musst du verkaufen. »

Die Moral von der Geschicht : Ich hatte ein etwas anspruchsvolles Buch dabei, ‹ Nietzsche im Spiegel › von Giorgio Penzo. Ich kam kaum zum Lesen und schaffte es nur bis Seite zehn. Ob nun wegen des Playboys oder wegen des Börsenmaklers, ich konnte mich einfach nicht konzentrieren. Gott sei Dank lieh mir der ältere Herr sein Handy und ich konnte meine Tochter anrufen : « Grüß dich, Paoletta », hab

fonata a mia figlia. « Ciao Paoletta » le ho detto, « come stai? Sono papà. Abbiamo appena superato Bologna. » Però, che grande invenzione il telefonino !

A pensarci bene, chissà come sarebbe cambiata la storia se il telefonino fosse stato inventato prima. Napoleone, per esempio, non avrebbe mai perso a Waterloo. Quando, dopo aver sconfitto gli inglesi, fu accerchiato dai prussiani inviò l'attendente dal maresciallo Grouchy perché questi corresse in suo aiuto. Ebbene, l'attendente non arrivò mai a destinazione : fu ucciso per strada o se la squagliò, certo è che Grouchy non si fece vedere. Con il telefonino, invece, tutto si sarebbe risolto in un attimo. « Ciao Grouchy, sono Napoleone. Corri subito che qua ci sono i prussiani ! » Giulietta e Romeo non si sarebbero uccisi. Lei avrebbe chiamato il suo amato e gli avrebbe detto : « Romeo, fai attenzione, io non sono morta, sto solo dormendo. Non fare come al tuo solito che ti lasci prender dall'emozione ».

E per finire Egeo non si sarebbe suicidato. Lui aveva mandato il figlio Teseo a uccidere il Minotauro e gli aveva detto : « Quando torni, o Teseo, se hai ucciso il Minotauro, mi raccomando : cambia il colore alle vele. Togli le vele nere e metti quelle bianche. Così io posso capire, anche da lontano, che sei risul-

ich zu ihr gesagt, «Wie geht es dir? Ich bin's, Papa. Wir haben Bologna soeben hinter uns gelassen.» Was für eine großartige Erfindung, dieses Minitelefon!

Man würde zu gerne wissen, wie sich manches in der Geschichte anders zugetragen hätte, wenn das Handy schon früher erfunden worden wäre. Napoleon zum Beispiel hätte bei Waterloo niemals verloren. Als er nach dem Sieg über die Engländer von den Preußen eingekreist worden war, schickte er einen Offiziersburschen zu Marschall Grouchy, der ihm zu Hilfe kommen sollte. Der Bursche kam aber wohl nie an. Entweder wurde er unterwegs ermordet oder er hat sich aus dem Staub gemacht. Sicher ist nur, dass Grouchy nicht auftauchte. Mit dem Handy hätte sich alles im Handumdrehen aufgeklärt. «Hallo Grouchy! Napoleon am Apparat. Komm sofort her! Hier sind die Preußen.» Romeo und Julia hätten sich nicht umgebracht. Sie hätte ihren Geliebten angerufen und ihm gesagt: «Romeo, gib acht. Ich bin nicht tot. Ich schlafe nur. Führe Dich nicht auf wie sonst immer. Lass dich für einmal nicht von deinen Gefühlen übermannen!»

Und auch Aegeus hätte sich nicht umgebracht. Er hatte seinen Sohn Theseus ausgeschickt, den Minotaurus zu töten und ihn gebeten: «Wenn du zurückkommst und den Minotaurus getötet hast, tu mir den Gefallen und denk daran, das schwarze Segel einzuziehen und das weiße zu hissen. So kann ich schon von Weitem erkennen, dass du als Sieger her-

tato vincitore ». Purtroppo Teseo se lo dimenticò ed Egeo si gettò a capofitto dall'alto di Capo Sunio. Ci fosse stato il telefonino, oggi quel mare, invece di chiamarsi Egeo, si chiamerebbe Mare Telecom Italia Mobile.

vorgegangen bist.» Leider hatte Theseus es vergessen und Aegeus stürzte sich kopfüber von Kap Sounion ins Meer. Hätte es damals das Handy gegeben, würde das ägäische Meer heute «Mare Telecom Italia Mobile» heißen.

STORIA DEL PALLONETTO DI SANTA LUCIA

Napoli fu fondata nel VI secolo a. C. o giù di lì da un gruppo di coloni eubei. Ad attrarre gli eubei, con ogni probabilità, fu quel montarozzo, oggi chiamato monte Echia, che si affaccia sul golfo. Il fatto è che all'epoca tutte le città avevano bisogno di un'acropoli dove potersi difendere in caso di attacchi, e il monte Echia era un'acropoli perfetta, alta quel tanto che bastava per dominare un eventuale invasore. All'inizio l'insediamento fu battezzato Palepoli, o Partenope, e solo in un secondo momento venne chiamato *Neapolis,* ovvero «città nuova». Oggi intorno al monte Echia è sorto un groviglio di vicoli noto come *Pallonetto di Santa Lucia,* abitato prevalentemente da famiglie di pescatori. Ci fu un tempo, però, che il Pallonetto era anche la residenza preferita dai contrabbandieri di sigarette. Il fenomeno, ricordo, assunse un aspetto così inquietante da indurre un ministro dell'epoca, di cui ora non ricordo il nome, a offrire addirittura uno stipendio ai proprietari degli *scafi blu,* a patto, però, che si astenessero dal contrabbandare, e io, un giorno, fui incaricato dalla RAI di andarli a intervistare.

DIE GESCHICHTE DES «PALLONETTO DI SANTA LUCIA»

Neapel wurde irgendwann im 6. Jahrhundert v. Chr. von einer Gruppe euböischer Siedler gegründet. Wahrscheinlich hatte es der Steinhaufen, der heute Monte Echia genannt wird, den Euböern angetan. Der Monte Echia liegt direkt am Golf. Um sich gegen Angriffe verteidigen zu können, war es damals für die Städte wichtig, eine Akropolis, eine Stadtfestung, zu haben. Der Monte Echia war eine perfekte Akropolis, gerade hoch genug, um eventuellen Angreifern zu trotzen. Anfangs hieß die Ansiedlung Palepolis oder Parthenope und erst später dann Neapel oder auch «neue Stadt» (gr.: *neo polis*). Rings um den Monte Echia ist ein Wirrwarr von Gassen entstanden, bekannt als «Pallonetto di Santa Lucia». Dort wohnen vorwiegend Fischerfamilien Es gab eine Zeit, da war der Pallonetto auch die bevorzugte Wohngegend der Zigarettenschmuggler. Ich weiß noch, dass man einen Minister auf Zeit einsetzte, weil die Situation sich gefährlich zuspitzte. An seinen Namen kann ich mich jetzt nicht mehr erinnern, aber er bot den Besitzern der blauen Schmugglerboote Geld an, wenn sie mit dem Schmugglergeschäft aufhörten. Eines Tages wurde ich von RAI beauftragt, mit ihnen ein Interview zu machen.

Mentre ci si avviava a Napoli, da Roma, il regista RAI si sentì in dovere di mettermi in guardia.

« De Crescenzo, chiariamo subito una cosa: io i panni stesi non li faccio ! »

« Non ho capito » risposi io.

« Io a lei la conosco: se ha intenzione di fare la solita macchietta napoletana, l'avviso che non ci sto. Il nostro deve essere un servizio sintetico, senza folclore. Limitiamoci a intervistare i contrabbandieri punto e basta. »

Sennonché, sfortuna volle che quello fosse il primo giorno di sole dopo una settimana di pioggia. Il Pallonetto, da qualsiasi parte lo si volesse inquadrare, era tappezzato di panni stesi.

« Andiamo più avanti » comandò il regista, e tutti noi ci spostammo alla ricerca di un'inquadratura non folcloristica. Purtroppo, però, più si andava avanti e più panni stesi si vedevano.

« Potremmo salire sul monte Echia » proposi io « e da lassù riprendermi con il mare alle spalle. »

« Sì » commentò sarcastico il regista, « così facciamo la cartolina ! »

Alla fine, avviliti, fummo costretti a chiedere a una signora di ritirare i suoi panni stesi in modo da consentirci un'inquadratura più anonima.

Als wir uns von Rom nach Neapel aufmachten, fühlte sich der Regisseur von RAI dazu verpflichtet, mich zu warnen:

«De Crescenzo, damit wir uns gleich richtig verstehen, es kommt mir keine Wäsche vor die Linse.»

«Ich verstehe nicht, was Sie meinen.»

«Ich kenne Sie. Sollten Sie etwa die Absicht haben, die übliche neapolitanische Kitschnummer durchzuziehen, warne ich Sie. Nicht mit mir. Unsere Aufgabe ist eine kurze Reportage ohne folkloristische Einlagen. Wir beschränken uns auf die Interviews mit den Schmugglern. Dabei bleibt es.»

Aber das Unglück wollte es, dass nach einer Woche Regen an diesem Tag das erste Mal wieder die Sonne schien. Der Pallonetto war überall, wo man ihn ins Bild setzen wollte, mit Wäsche vollgehängt.

«Gut, gehen wir weiter», befahl der Regisseur. Also zogen wir weiter auf der Suche nach einem Hintergrund ohne folkloristischen Beigeschmack. Aber je weiter wir gingen, desto mehr aufgehängte Wäsche kam in unser Blickfeld.

«Wir könnten doch auf den Monte Echia steigen», schlug ich vor, «und da oben Aufnahmen machen, mit dem Meer als Hintergrund.»

«Ja klar, dann machen wir einen auf Ansichtskarten», kommentierte der Regisseur sarkastisch.

Am Ende waren wir entmutigt und sahen uns dazu gezwungen, eine Frau darum zu bitten, ihre Wäsche abzuhängen, um einen einigermaßen neutralen und anonymen Bildhintergrund zu bekommen.

Quanto a Santa Lucia, poi, è indispensabile conoscerne la storia. Fino agli ultimi anni dell'Ottocento le case degli abitanti del Pallonetto si affacciavano direttamente sul golfo. Via Santa Lucia, infatti, costeggiava il mare per tutta la sua lunghezza. Poi, un bel giorno, intorno al 1905, lì dove c'era il mare venne realizzata una gettata di cemento e vi furono costruite sopra due file di palazzi. Ora mettiamoci nei panni dei pescatori che fino a quel momento avevano goduto della vista del mare e immaginiamoci cosa dovettero pensare dei nuovi venuti, ovvero di noi, dal momento che anch'io nacqui in uno di quei palazzi.

Via Santa Lucia nel giro di pochi anni divenne una linea di confine tra due comunità che si odiavano. Noi chiamavamo loro *'e fetiente,* e loro chiamavano noi *'e ricchiune.* Noi compravamo la frutta da *Menichiello,* loro la compravano da *Mezalengua.* Noi andavamo a messa alla parrocchia di Santa Lucia, loro alla chiesa della Madonna delle Catene. In pratica ognuno viveva nel suo quartiere e nessuno si azzardava a passare sull'altro versante. In particolare noi ragazzi ce ne guardavamo bene. Via Santa Lucia era una specie di via Paal. Attraversarla voleva

Von Santa Lucia muss man unbedingt die Geschichte kennen. Bis Ende des 19. Jahrhunderts blickten die Häuser der Einwohner des Pallonetto direkt auf den Golf. Die Via Santa Lucia verlief tatsächlich in ihrer ganzen Länge am Meer entlang. Um 1905 herum wurde an der Meeresseite Zement aufgeschüttet und darauf erbaute man zwei Reihen von Wohnhäusern. Versetzen wir uns mal in die Lage der Fischer, die bis dahin den Blick auf das Meer genossen hatten, und stellen wir uns vor, was sie von uns Neuankömmlingen wohl gehalten haben. Ich bin nämlich in einem dieser Häuser geboren.

Im Laufe weniger Jahre trennte die Via Santa Lucia zwei auf Kriegsfuß stehende Gemeinden. Wir nannten sie «Scheißkerle» und sie nannten uns «Tunten». Wir kauften das Obst bei *Menichiello*, sie bei *Mezalengua*. Wir gingen zur Messe in die Pfarrkirche Santa Lucia, sie in die Kirche der Madonna delle Catene. Jeder lebte in seinem Viertel und wagte nicht, sich auf die andere Seite zu begeben. Besonders wir Jungen hüteten uns davor. Die Via Santa Lucia war eine Art von Via Paal*. Sie zu überqueren bedeutete so viel wie blutig geschlagen zu werden.

* Anspielung auf den ungarischen Jugendroman ‹Die Jungen von der Paulstraße› (A Pál utcai fiúk) von Ferenc Molnár (1906)

dire essere picchiato a sangue. L'unico a poterlo fare ero io, e adesso vi spiego il perché.

Io nacqui al terzo piano di un palazzo con vista sul mare. Al primo piano del medesimo palazzo nacque invece il mio amico Carlo Pedersoli. Carlo era gigantesco. A tredici anni mi superava di almeno venti centimetri. Con lui accanto nessuno mi poteva toccare. Attraversavamo via Santa Lucia quando e come ci pareva. Fummo compagni di scuola alle elementari e alle medie, poi la vita ci divise: io divenni ingegnere, e in seguito scrittore; lui, invece, prima campione di nuoto e poi attore. Oggi si chiama Bud Spencer.

Un paio di mesi fa ho incontrato Carlo all'hotel Vesuvio e gli ho proposto di andare a rivedere insieme il palazzo dove eravamo nati. Sennonché, per strada siamo stati fermati da due scugnizzi del Pallonetto.

«*Bud Spensèr, quanto si' bello!*» disse uno dei due mettendo, come di regola a Napoli, l'accento sulla seconda «e» del cognome Spencer. «*Comme ce piacesse ave' 'nu pate comme a Bud Spensèr!*»

E l'altro: «*Te putimmo chiama' «papà»?*».

Qui Carlo, che tutto è tranne quell'energumeno picchiatore che siamo abituati a vedere nei film, nel sentire due ragazzini che lo vole-

Der Einzige, der es wagen durfte, war ich und ich erkläre Ihnen jetzt gleich, weshalb.

Ich wurde im dritten Stock eines der Häuser mit Blick aufs Meer geboren und im ersten Stock desselben Hauses mein Freund Carlo Pedersoli. Carlo war ein Riese. Mit dreizehn Jahren war er mindestens zwanzig Zentimeter größer als ich. Waren wir zu zweit, wagte mich keiner anzurühren. Wir überquerten die Via Santa Lucia, wann und wie es uns gefiel. Wir waren Klassenkameraden in der Grund- und Hauptschule. Dann hat uns das Leben getrennt. Ich wurde Ingenieur, später Schriftsteller, er dagegen erst Schwimmchampion und dann Schauspieler. Heute ist er bekannt unter dem Namen Bud Spencer.

Vor einigen Monaten habe ich Carlo im Hotel Vesuvio getroffen und ihm vorgeschlagen, zusammen das Haus aufzusuchen, in dem wir aufgewachsen waren. Unterwegs wurden wir von zwei Straßenjungen des Pallonetto aufgehalten.

«Bud Spensèr, wie gut Sie aussehen», sagte einer von den beiden mit dem typischen Akzent auf dem zweiten «e» des Nachnamens Spencer, wie es in Neapel üblich ist. «Wie gerne hätten wir einen Vater wie Bud Spensèr!»

Und der andere Junge sagte: «Dürfen wir ‹Papa› zu Dir sagen?»

Carlo, alles andere als der wilde Schläger, den wir im Film zu sehen gewohnt sind, war richtiggehend gerührt, weil die beiden Stöpsel ihn

vano chiamare «papà» stava lì lì per commuoversi quando il primo dei due gli disse: «Noi siamo orfani: *nunn'o tenimmo a papà!*».

Lacrime negli occhi di Carlo Pedersoli e cinquanta euro a testa ai due scugnizzi che forse tutto erano tranne che orfani.

Papa nennen wollten. Da fügte der eine hinzu: « Wir sind Waisenkinder. Wir haben keinen Papa. »

Tränen in den Augen von Carlo Pedersoli und fünfzig Euro für jeden der beiden Jungs. Wahrscheinlich waren sie alles andere als Waisen.

Io una volta ero una persona per bene, facevo l'ingegnere, poi a forza di frequentare la gente dello spettacolo, le Lina Wertmüller, i Mario Monicelli e i Renzo Arbore, ho finito per fare anch'io del cinema. Il mestiere di regista è molto simile a quello del Padreterno: uno s'immagina una storia e la fa nascere come se fosse vera. Crea i personaggi, le azioni, e c'infila dentro anche la musica. A proposito, spesso mi sono chiesto quanto sarebbe utile nella vita avere un sottofondo musicale che ci avvisasse in tempo dei pericoli che stiamo per correre e, meglio ancora, di quando stiamo per innamorarci. Basterebbe il suono di un violino per metterci in guardia.

Il primo requisito richiesto a un regista è quello di abitare a Roma.

Se uno non va almeno una volta al mese a Cinecittà non gli può venire la voglia di girare un film. Già vedere da lontano il Teatro 5 cambia il carattere di una persona. Si pensa subito a Federico Fellini e tutto quello che si ha nella testa comincia a funzionare. Federico non era una persona normale, era un qualcosa di più. Aveva una voce sottile sottile, ma quando parlava ti faceva restare senza fiato.

Ich war einmal ein ehrbarer Mensch, nämlich zu der Zeit, als ich noch als Ingenieur tätig war. Dann war ich häufig mit Theaterleuten zusammen, zum Beispiel mit Lina Wertmüller, Mario Monicelli oder Renzo Arbore, und schließlich begann auch ich, Filme zu drehen. Der Beruf des Regisseurs ist dem von Gottvater sehr ähnlich. Man denkt sich eine Geschichte aus und erweckt sie quasi zu wirklichem Leben. Personen und Handlungen werden erfunden und das Ganze mit passender Musik unterlegt. Ich habe mich übrigens oft gefragt, ob eine musikalische Untermalung nicht auch im Leben nützlich sein könnte. Wir würden rechtzeitig vor Gefahren gewarnt, oder besser noch, wenn wir kurz davor stehen, uns zu verlieben. Der Klang einer Geige würde reichen, um uns in Alarmbereitschaft zu versetzen.

Erste Voraussetzung für einen Regisseur ist, in Rom ansässig zu sein.

Wenn man nicht mindestens einmal im Monat Cinecittà besucht, würde einem nie einfallen, einen Film zu drehen. Schon wenn man das Theater 5 von Weitem sieht, wird man ein anderer Mensch. Man denkt sofort an Federico Fellini und alte Erinnerungen kommen wieder hoch. Federico war kein gewöhnlicher Mensch. Er hatte etwas Besonderes an sich. Er besaß eine ganz feine Stimme. Wenn er aber sprach, war man von ihm gebannt.

Se poi a tutto questo aggiungiamo l'amore che ho per Napoli, si capisce subito perché ho girato *Così parlò Bellavista.* Ho cominciato fotografando i napoletani nei vicoli. Il primo che mi ricordo era un barbone sdraiato sui gradini di una scalinata con accanto un cartello con sopra scritto «Ridotto in questo stato dal cognato». Ebbene, come resistere alla tentazione di sapere che cavolo avesse fatto questo cognato per meritarsi quel cartello? E allora si comincia a chiedere, a parlare, a volerlo conoscere, e dopo un poco, senza che uno nemmeno se ne accorga, si diventa registi. Napoli non è una città come le altre, è un set cinematografico già in funzione dove non è necessario nemmeno dire «azione» per girare una scena. Gli attori nascono già «imparati».

Nel mio primo film c'è Riccardo Pazzaglia che racconta come, dovendo comprare un cavalluccio rosso e avendone visto uno su una bancarella, abbia lasciato per qualche secondo l'auto aperta. Lui dice di aver intravisto un mariuolo entrare nella macchina e vorrebbe finire il racconto quando arriva un secondo signore a chiedergli: «Che cosa è successo?». A questo punto il buon Pazzaglia ricomincia tutto da capo finché non arriva un terzo signore a fargli sempre la stessa domanda. In pratica, ognuno dei presenti contribuisce

Nimmt man zu all dem noch meine Liebe zu Neapel hinzu, versteht man, warum ich den Film ‹Così parlò Bellavista› gedreht habe. Angefangen hat es damit, dass ich die Neapolitaner in den Gassen fotografiert habe. Der Erste, an den ich mich erinnere, war ein Penner mit Vollbart, der sich auf den Stufen einer Treppe ausgebreitet hatte. Neben ihm lag ein Schild mit der Aufschrift «Vom Schwager in diesen Zustand gebracht». Wie hätte man der Versuchung widerstehen können, zu erfahren, womit zum Teufel sich dieser Schwager dieses Schild verdient hatte. Man fängt also an, zu fragen, Gespräche zu führen. Man will ihn unbedingt kennenlernen und nach kurzer Zeit wird man, eh man sich's versieht, zum Regisseur. Neapel ist keine Stadt wie jede andere. Sie ist ein Filmset in Betrieb, wo es kein «Film ab!» braucht, um eine Szene zu drehen. Die Menschen dort sind die geborenen Schauspieler.

In meinem ersten Film erzählt ein gewisser Riccardo Pazzaglia, wie er sein Auto für ein paar Sekunden offenstehen gelassen habe, als er an einem Stand das rote Steckenpferd gesehen hatte, das er besorgen musste. Er habe aber aus dem Augenwinkel mitbekommen, dass ein Gauner in sein Auto einsteigen wollte. Dabei wollte er es eigentlich belassen, aber es kommt ein anderer Herr dazu und fragt ihn: «Was ist passiert?» Da fängt der gute Pazzaglia wieder von vorne an, bis ein dritter Herr dazustößt und ihm wieder dieselbe Frage stellt. Jeder der Anwesenden trägt mit seinen Kommenta-

con i suoi commenti alla scena. Il bello, poi, sta nel fatto che tutti quelli che intervengono non sono degli attori ma dei napoletani di passaggio che volontariamente si sono offerti per contribuire alla sceneggiatura.

Non è stato difficile girare *Bellavista*. Difficile è stato smettere di girare una scena una volta che l'avevo iniziata. Tutta Napoli desiderava collaborare, chi con dei consigli, chi offrendosi gratuitamente come comparsa e chi affacciandosi a una finestra di un primo piano con una chitarra in mano. Ho avuto perfino una vecchiarella che ha finto uno svenimento nella speranza di essere assunta e di conseguenza pagata.

ren etwas zur Szene bei. Das Schöne daran ist, dass alle, die hinzukommen und sich einschalten, nicht Schauspieler sind, sondern Neapolitaner, die zufällig vorbeikommen und ganz zwanglos Teil der Inszenierung werden.

Es war nicht schwierig, den Film ‹Bellavista› zu drehen. Schwierig war es dagegen, eine Szene zu beenden, wenn ich damit einmal begonnen hatte. Ganz Neapel wollte daran mitarbeiten. Die einen hatten gute Ratschläge, andere boten sich unentgeltlich als Statisten an, wieder ein anderer ließ sich an einem Fenster im ersten Stock mit der Gitarre sehen. Da war sogar ein altes Mütterlein, das in der Hoffnung auf eine bezahlte Anstellung einen Ohnmachtsanfall vortäuschte.

Essere pretori a Napoli è uno dei mestieri più difficili del mondo. Significa rispettare contemporaneamente la legge e il diritto alla vita di una provincia con oltre tre milioni di abitanti. Significa stare seduto sullo scanno più alto, quello del giudice, e un attimo dopo sentirsi a fianco dell'imputato per interpretarne il pensiero. Lo stesso linguaggio finisce col subire modifiche sostanziali: è un continuo barcamenarsi tra espressioni curiali e modi di dire nostrani, tra articoli di codice e confidenze in dialetto.

Già al portone d'ingresso un parcheggiatore di ombrelli c'informa che siamo giunti alla frontiera tra il «giusto» secondo legge e il «giusto» secondo natura. L'ombrello è considerato un'arma impropria e come tale non può essere portato in aula, dando così origine a un nuovo mestiere.

La disoccupazione affolla i banchi degli imputati e quelli del pubblico: una causa in pretura è comunque una maniera di passare il tempo.

Gli oggetti del contendere a volte sono degni della Dea Giustizia e a volte scendono a piccoli litigi tra povera gente in lotta per la stessa

In Neapel Bezirksrichter zu sein, ist einer der schwierigsten Berufe der Welt. Es bedeutet nämlich, in einer Provinz mit über drei Millionen Einwohnern gleichzeitig das Gesetz und das Recht auf Leben im Auge zu behalten. Es bedeutet einerseits, auf erhöhtem Richterstuhl zu sitzen und gleich darauf an der Seite des Angeklagten, um seine Beweggründe nachzuvollziehen. Je nachdem verändert sich die Sprache ganz wesentlich. Man laviert ständig zwischen einer hochgestochenen Ausdrucksweise und einfachem Sprachgebrauch, zwischen Gesetzesparagraphen und vertrautem Dialekt.

Schon am Eingangsportal des Gerichtsgebäudes informiert uns ein Regenschirmwächter darüber, dass wir an die Grenze zwischen Recht nach dem Gesetz und Naturrecht gelangt sind. Der Regenschirm wird als eine Waffe im weiteren Sinne betrachtet und darf als solche nicht mit in den Gerichtssaal genommen werden. So ist der neue Beruf des Regenschirmwächters entstanden.

Die Arbeitslosigkeit füllt sowohl die Bänke der Angeklagten als auch die der Zuschauer. Einem Gerichtsverfahren beizuwohnen bietet immerhin eine Möglichkeit, die Zeit rumzubringen.

Der Gegenstand der Auseinandersetzung ist manchmal der Göttin Justitia würdig und manchmal geht es auch nur um arme Leute, die sich um

razione quotidiana. Parla il pretore, parlano gli imputati, parlano gli avvocati, parlano i testimoni falsi in buona fede *(sic)* e parla il pubblico : tutto questo contemporaneamente.

*

«*Sorrentino Salvatore e Sorrentino Gennaro. Siete fratelli?*»

« No, signor giudice, fratellastri. Gennarino è figlio di secondo letto. »

«*E quanti fratelli siete?*»

« Tra primo e secondo letto siamo dodici. Cinque maschi e sette femmine. »

« E *questa è la vera tragedia di Napoli! Va buo', veniamo a noi: tu sei Gennaro?*»

« Nossignore, io sono Salvatore. Gennarino è lui. »

«*Salvato', qua il fatto è chiaro: voi due, approfittando dello sciopero degli addetti alla tangenziale vi siete piazzati davanti a un casello di uscita e avete prelevato cinquecento lire per ogni macchina che passava. Che bella pensata! Complimenti.*»

« Signor giudice, le cose non sono andate così : noi non abbiamo chiesto niente a nessuno. »

«*E allora vuol dire che io il fatto me lo sono sognato! Aspetta, adesso ti leggo il ver-*

gleiche Anteile im täglichen Existenzkampf streiten. Es sprechen der Richter, die Angeklagten, die Anwälte, die falschen Zeugen in gutem Glauben (*sic!*) und die Zuhörer – und alle gleichzeitig.

*

«*Sorrentino Salvatore und Sorrentino Gennaro, seid ihr Brüder?*»

«Nein, Herr Richter, Stiefbrüder. Gennarino ist ein Sohn aus zweiter Ehe.»

«*Wie viele Geschwister seid ihr?*»

«Aus erster und zweiter Ehe sind wir zwölf Kinder, fünf Jungen und sieben Mädchen.»

«*Das ist die eigentliche Tragödie von Neapel. Aber lassen wir das. Kommen wir jetzt zu Dir. Du bist also Gennaro?*»

«Nein, Herr Richter, ich bin Salvatore. Er ist Gennarino.»

«*Salvatore, die Sache liegt klar auf der Hand. Ihr beide habt den Streik der Angestellten an der Umgehungsstraße ausgenutzt. Ihr habt euch vor ein Mauthäuschen an der Straßenausfahrt gehockt und fünfhundert Lire für jedes Auto verlangt, das vorbeifuhr. Was für ein großartiger Einfall! Kompliment.*»

«Herr Richter, so war es nicht. Wir haben von niemandem etwas verlangt.»

«*Soll das etwa heißen, dass ich mir das Ganze nur ausgedacht habe? Pass auf. Ich lese dir das Pro-*

bale. Dunque ... «alle ore 12.15 del 27–3–79 presso il casello di uscita del Vomero ... con l'artifizio della sostituzione degli operatori ... i sunnominati Sorrentino Salvatore di anni 28 e Sorrentino Gennaro di anni 19 eccetera eccetera»... ecco qua: «si procuravano ingiusto profitto ai danni della società Infrasud estorcendo una quota del pedaggio di lire cinquecento a tutti gli automezzi in transito per detto casello». Che tenete da dire?»

« Che state pieno di sbagli. »

«Come sarebbe a dire?»

« Sarebbe a dire che vi siete dimenticato di raccontare la cosa più importante. »

« E cioè?»

« Che pioveva. »

«Pioveva? E che c'entra?»

« C'entra, signor giudice, perché io e mio fratello dovevamo andare al Vomero e avevamo chiesto un passaggio a un signore tanto gentile che però doveva andare ad Agnano. Ecco perché quando siamo arrivati all'altezza del casello del Vomero il signore tanto gentile ci ha fatto scendere. Purtroppo noi adesso non ci ricordiamo più come si chiamava questo signore se no lo avremmo fatto venire come testimone.

«Non capisco che avrebbe potuto testimoniare.»

tokoll vor ... Also: ‹Am 27.3.79 um 12.15 Uhr, beim Mauthäuschen der Ausfahrt Vomero ... mit der trickreichen Absicht, die Vertretung der Mautbeamten vorzutäuschen ... haben die oben genannten Sorrentino Salvatore (28 Jahre) und Sorrentino Gennaro (19 Jahre) und so weiter und so fort ...› jetzt kommt's: ‹... sich unrechtmäßig zum Schaden des Unternehmens Infrasud bereichert, indem sie von jedem Verkehrsteilnehmer, der die besagte Ausfahrt passiert hat, eine Gebühr von 500 Lire erpresst haben.› Was habt ihr dazu zu sagen?»

«Dass Sie sich in vielerlei Hinsicht irren.»

«Was soll das heißen?»

«Das soll heißen, dass Sie das Wichtigste vergessen haben zu erzählen.»

«Das wäre?»

«Dass es geregnet hat.»

«Es hat geregnet? Was hat das damit zu tun?»

«Das hat sehr wohl etwas damit zu tun, Herr Richter. Mein Bruder und ich mussten nach Vomero. Wir hatten einen sehr freundlichen Herrn gebeten, mitfahren zu dürfen. Der musste aber nach Agnano. Deshalb hat uns dieser freundliche Herr in der Höhe der Mautstelle von Vomero aussteigen lassen. Leider können wir uns an den Namen des Herrn nicht mehr erinnern. Sonst hätten wir ihn als Zeugen kommen lassen.»

«Ich verstehe nicht, was er hätte bezeugen sollen.»

«Che due minuti dopo che siamo scesi dalla sua macchina si è messo a piovere.»

«E con questo?»

«Con questo, signor giudice, io ho detto a mio fratello: ‹*Curre Gennari' che sta venenno 'na 'ncasata d'acqua*› [corri Gennarino che sta venendo a piovere forte], e così ci siamo rifugiati nel casello della tangenziale. Ora voi non ci crederete, ma da quel momento in poi tutti quelli che passavano ci davano cinquecento lire.»

«E quando erano mille davate anche il resto?»

«Sì, ma per fare una cosa giusta per tutti quanti.»

«Questa è truffa, Sorrenti'.»

«Ma quale truffa, signor giudice! Quelli le cinquecento lire ce le davano spontaneamente, tanto è vero che noi dicevamo sempre grazie. E poi, *pe' sape':* gli automobilisti le cinquecento lire le avrebbero dovute pagare, sì o no? E la società Infrasud stava o non stava in sciopero? E allora, fatemi capire una cosa: noi questi soldi a chi li abbiamo rubati?»

Ai lettori l'ardua sentenza.

« Dass es zwei Minuten später, nachdem wir aus dem Auto ausgestiegen sind, angefangen hat zu regnen. »

«Na und?»

« Da habe ich Folgendes zu meinem Bruder gesagt: ‹ Mach schnell, Gennarino, gleich gießt es in Strömen ›. Deshalb haben wir dann im Mauthäuschen der Umgehungsstraße Unterschlupf gesucht. Sie werden es uns jetzt nicht glauben, aber von dem Moment an haben uns alle, die vorbeikamen, fünfhundert Lire gegeben. »

«Und wenn es tausend waren, habt ihr den Rest herausgegeben?»

« Natürlich, alle wurden gleich behandelt. »

«Das ist aber dennoch Betrug, Sorrenti'.»

« Aber wieso Betrug, Herr Richter. Diese fünfhundert Lire haben sie uns freiwillig gegeben und wir haben uns dafür immer bedankt. Außerdem möchte ich eines gerne wissen: Hätten die Autofahrer die fünfhundert Lire zahlen müssen, ja oder nein? Und stand das Unternehmen Infrasud im Streik oder nicht? Also erklären Sie mir mal: Wem haben wir das Geld gestohlen? »

Das heikle Urteil sei dem Leser überlassen.

Esiste davvero il Diavolo? E se esiste, come è fatto? Ha l'aspetto di un drago, di un serpente o di un caprone? Ha le corna e la coda? E come dobbiamo chiamarlo? Satana, Lucifero o Belzebù? A essere sinceri, è un argomento difficile da trattare: chi crede in Dio è costretto a credere anche nel Diavolo e viceversa, non ci sembra quindi che ci sia tanto da scherzare.

Cominciamo con il nome: solo in Italia si calcola che esistano più di cento modi per chiamarlo. Tanto per darvene un'idea, vi elenco tutti quelli che cominciano per A: Abigor, Abrasso, Abracace, Adramelek, Aguares, Alastor, Alocero, Amduscia, Amon, Andras, Asmodeo, Aym e Astarotte. Per quanto riguarda poi l'aspetto, non c'è che l'imbarazzo della scelta: Balan ha tre teste, una di uomo, una di toro e una di ariete, Caim è un merlo, Ukobach è un topone alto due metri con in mano una specie di lanciafiamme, Furfur è un cervo alato, ha quattro mani al posto degli zoccoli e parla con voce rauca.

Tutti questi nomi e queste descrizioni ci fanno capire che il Diavolo esiste sul'serio, se non altro come «presenza angosciosa nel subconscio».

Ma chiediamoci se esiste anche un qual-

Gibt es den Teufel wirklich? Und wenn es ihn gibt, wie sieht er aus? Wie ein Drache, eine Schlange oder ein Ziegenbock? Hat er Hörner und einen Schwanz? Wie sollen wir ihn nennen? Satan, Luzifer oder Beelzebub? Seien wir ehrlich, das ist ein schwieriges Thema. Wer an Gott glaubt, muss zwangsläufig auch an den Teufel glauben und umgekehrt. Da gibt es nichts zu lachen.

Fangen wir mit dem Namen an. Allein in Italien gibt es schätzungsweise mehr als hundert gebräuchliche Namen für den Teufel. Nur um euch mal eine Vorstellung davon zu geben, zähle ich alle auf, die mit A anfangen: Abigor, Abraxas, Abracace, Adramelech, Agares, Alastor, Alocer, Amdukias, Amon, Andras, Asmodis, Aym und Astaroth. Was das Äußere anbelangt, kommt alles vor, was man sich denken kann. Balam hat drei Köpfe, den eines Menschen, eines Stiers und eines Widders. Caim ist eine Amsel, Ukobach eine zwei Meter große Maus mit einer Art Flammenwerfer in der Hand. Furfur ist ein geflügelter Hirsch mit vier Händen anstatt Hufen und spricht mit rauer Stimme.

All diese Namen und Beschreibungen machen uns klar, dass es den Teufel wirklich gibt, wenn vielleicht auch nur als ein «ungutes Gefühl im Unterbewusstsein».

Doch überlegen wir einmal, ob es «den Teufel»

cosa di tangibile che possiamo chiamare «il Diavolo». Io penso che il nostro animo sia formato da tre parti di diverso peso: una parte buona, una parte cattiva e una fatta di sola volontà. L'insieme delle parti buone di tutti gli esseri umani costituisce il Bene, mentre l'insieme delle parti cattive forma il Male.

Per il momento evitiamo di identificare il Bene con Dio e il Male con il Diavolo; finiremo con l'accettare il principio che il Diavolo sia un qualcosa di esterno a Dio, il che comporterebbe implicazioni teologiche che non saremmo poi capaci di risolvere. Accontentiamoci quindi di prendere atto che esistono due attitudini dell'animo umano che possiamo approssimativamente chiamare il Bene e il Male, in continua lotta tra loro. Chi avesse dei dubbi al riguardo, si chieda quanti piccoli o grandi peccati commette ogni giorno senza rendersene conto.

Anche per il peccato non è facile trovare una definizione universale che vada bene a tutti. Come per Dio e per il Diavolo è possibile trovare nomi diversi, presso popolazioni diverse, così per i peccati ci sono liste che cambiano di Paese in Paese e di religione in religione: ciò che è peccato in Papuasia non lo è più in Alaska, e mentre un bicchierino di whisky bevuto a Teheran fa andare dritti

nicht auch als etwas Greifbares gibt. Ich bin der Ansicht, dass unsere Seele aus drei unterschiedlich gewichteten Teilen besteht, einem guten Teil, einem schlechten Teil und dem freien Willen. Die Gesamtheit der guten Teile aller Menschen stellt das Gute dar, während die schlechten Teile insgesamt das Böse repräsentieren.

Zunächst möchte ich es vermeiden, das Gute mit Gott und das Schlechte mit dem Teufel gleichzusetzen. Das würde darauf hinauslaufen, dass wir den Teufel als etwas definieren müssten, das außerhalb von Gott Bestand hat, und das würde zu theologischen Problemen führen, die wir nicht lösen könnten. Begnügen wir uns also damit, zur Kenntnis zu nehmen, dass es in der menschlichen Seele zwei Anlagen gibt, die man in etwa als das «Gute» und das «Böse» bezeichnen kann und die sich in einem ständigen Wettbewerb befinden. Wer daran zweifelt, der möge sich fragen, wie viele kleine oder große Sünden er jeden Tag begeht, ohne sich dessen bewusst zu werden.

Ebensowenig ist es leicht, für die Sünde eine allgemein gültige Definition zu finden, die für alle stimmt. So wie man bei verschiedenen Völkern auf unterschiedliche Namen für Gott und den Teufel stößt, so wechselt auch das Sündenregister von Land zu Land und von Religion zu Religion. Was in Papua Sünde ist, ist es in Alaska nicht und während in Teheran ein Gläschen Whisky direkt in die Hölle führt, hält man es in

all'Inferno, a Oslo fa solo salute e simpatia. Ci si chiede, a questo punto, se nel giorno del Giudizio Universale ci sarà qualcuno che terrà conto del Paese di origine.

Comunque, malgrado l'apparente varietà delle trasgressioni, c'è qualcosa di comune in tutti i peccati: «il fare male agli altri, comprendendo tra gli altri anche se stessi».

Ricapitolando, non è tanto importante stabilire se esiste o meno il Diavolo e prima di lui Dio, quanto rendersi conto dell'esistenza di una Forza negativa che è dentro di noi. Il primo quesito «esiste il Diavolo?» riguarda il mondo dell'aldilà e per il momento è inutile porselo, o quanto meno è di difficile soluzione. A tempo debito ne prenderemo atto e, nel caso, faremo le presentazioni. Il secondo quesito, invece, «esiste il Male?», è determinante ai fini dell'etica quotidiana.

Dividiamo quindi l'insegnamento cristiano «ama il prossimo tuo, come te stesso, e sarà tuo il Regno dei Cieli» in due proposizioni distinte, e cominciamo con l'amare il prossimo, non come mezzo per conquistare il Regno dei Cieli, ma solo come fatto di estrema convenienza. Per quanto riguarda il Regno dei Cieli poi vedremo. Nel frattempo rendiamoci conto che amare il prossimo è già un buon affare, qui sulla Terra.

Oslo für gesund und sympathisch. Man fragt sich nun, ob es am Tag des Jüngsten Gerichtes jemanden geben wird, der das Herkunftsland berücksichtigt.

Wie dem auch sei, es gibt trotz der offensichtlichen Vielfalt der Vergehen etwas, das überall als Sünde gilt, nämlich « anderen oder auch sich selbst Böses anzutun ».

Zusammenfassend gesagt ist es nicht so wichtig, zu entscheiden, ob es einen Teufel gibt oder nicht und ob Gott ihm vorausgeht. Es ist wichtiger, sich der negativen Triebe in unserem Inneren bewusst zu werden. Die erste Frage nach der Existenz des Teufels ist höchstens im Hinblick auf das Jenseits von Belang und für den Augenblick wenig nützlich oder zumindest schwer zu beantworten. Wir werden sie zur gegebenen Zeit zur Kenntnis nehmen und, wenn es so weit ist, darauf zurückkommen. Die zweite Frage dagegen, ob es das Böse gibt, ist ausschlaggebend für das moralische Verhalten im Alltag.

Unterteilen wir den christlichen Auftrag « Liebe deinen Nächsten wie dich selbst und dein ist das Himmelreich » in zwei voneinander zu trennende Aussagen. Beginnen wir damit, den Nächsten zu lieben, und zwar nicht als Eintrittskarte ins Himmelreich, sondern einfach, weil dieses Verhalten von größter Zweckmäßigkeit ist. Auf das Himmelreich kommen wir später zurück. Derweil besinnen wir uns darauf, dass Nächstenliebe hier auf Erden schon an und für sich eine gute Sache ist.

Come l'angioletto e il diavoletto di Peynet, il Bene e il Male ci consigliano minuto per minuto nelle scelte. Spetta alla Volontà, terza parte dell'animo umano, di allearsi con l'uno o con l'altro. Il Bene e il Male compiono, ciascuno per proprio conto, il loro dovere: essi sono i rappresentanti di Dio e del Diavolo (sempre che ci siano) e faranno di tutto per trascinarci dalla loro parte.

Das Gute und das Böse beeinflussen uns unaufhörlich bei unseren Entscheidungen, wie Engelchen und Teufelchen bei Peynet*. Ausschlaggebend ist der freie Wille, der dritte Anteil der menschlichen Seele, der sich mal mit dem einen, mal mit dem anderen verbündet. Das Gute und das Böse erfüllen jedes für sich seine Aufgabe. Sie sind die Repräsentanten Gottes und des Teufels (immer vorausgesetzt, dass es sie gibt) und sie werden alles tun, um uns auf ihre Seite zu ziehen.

* Raymond Peynet (1908–1999), französischer Grafiker und Cartoonist

Da persone bene informate ho saputo che quando Dio cacciò Adamo ed Eva dal Paradiso terrestre, non si limitò a dire: « Tu uomo lavorerai con sudore e tu donna partorirai con dolore », ma aggiunse « e tutti e due sarete perseguitati dal secondo principio della termodinamica, ovvero dall'entropia ».

Ecco il principio: « Ogniqualvolta in natura la materia viene trasformata in energia, una buona parte di questa energia diventa non più utilizzabile e va ad aumentare il disordine che è già nell'ambiente. La misura del disordine prodotto si chiama entropia ». E facciamo subito un esempio: quando trasformiamo il petrolio in energia cinetica per consentire a mio cugino di andare da Milano a Monfalcone, la maggior parte di questa energia si perde sotto forma di anidride carbonica e va a inquinare l'atmosfera. Ora, se si trattasse di mio cugino soltanto, pazienza, il guaio è che siamo in tanti a voler andare tutti i giorni da Milano a Monfalcone.

L'uomo, per migliorare le proprie condizioni di vita, ha inventato l'automobile, l'aeroplano, il frigorifero e tutto quello che, secondo lui, avrebbe potuto rendere più comodo e ordinato il suo mondo. Sennonché il disordine con-

Aus gut informierten Kreisen habe ich erfahren, dass Gott bei der Vertreibung Adams und Evas aus dem Paradies sich nicht darauf beschränkt hat, zu sagen: «Du, Mann, wirst im Schweiße deines Angesichtes arbeiten und du, Frau, wirst unter Schmerzen gebären.» Er hat noch hinzugefügt: «... und ihr werdet alle beide verfolgt werden vom Zweiten Hauptsatz der Thermodynamik, oder besser, von der Entropie.»

Der Satz besagt: «Jedes Mal, wenn in der Natur Materie in Energie umgesetzt wird, ist ein guter Teil der Energie nicht mehr nutzbar und trägt dazu bei, dass die in der Umwelt bereits bestehende Unordnung zunimmt. Das Ausmaß der angerichteten Unordnung nennt man Entropie.» Ich gebe gleich ein Beispiel. Wenn Öl in kinetische Energie umgesetzt wird, damit mein Cousin von Mailand nach Monfalcone fahren kann, geht der größere Teil in Form von Kohlendioxyd verloren und belastet die Atmosphäre. Wenn es nur um meinen Cousin ginge, wäre das harmlos. Das Problem ist aber, dass so viele jeden Tag von Mailand nach Monfalcone fahren wollen.

Um seine Lebensqualität zu verbessern, hat der Mensch Auto, Flugzeug, Kühlschrank und all das erfunden, was die Welt seiner Meinung nach bequemer und scheinbar geordneter machen könnte. Aber die Unordnung, die jede dieser Erfindun-

nesso a ognuna di queste scoperte è maggiore dell'ordine prodotto. Se all'inizio nessuno ci ha fatto caso è perché il disordine è sempre stato esportato, o in altri Paesi (vedi *Karin B*), o in altre zone dell'atmosfera (vedi buco nell'ozono) o addirittura rimandato a epoche future (vedi scorie radioattive).

« Per la legge dell'accrescimento dell'entropia » mi dice il fisico Francesco Grianti « ogni sistema in natura evolve *spontaneamente* da uno stato *più ordinato* a uno *più disordinato*. Le faccio due esempi : 1) Se lei lascia una tazza di tè bollente su un tavolo e torna dopo un'ora, troverà che il tè si sarà raffreddato, in quanto ha ceduto *spontaneamente* il suo calore all'ambiente. 2) Se lei versa in una tazza del caffè e del latte, le molecole dei due liquidi non resteranno separate, le une di fronte alle altre come due armate contrapposte, ma si mischieranno *spontaneamente* fino a formare il caffellatte. »

« E questo cosa c'entra con l'entropia? »

« C'entra, perché in entrambi i casi sarà aumentato il disordine. »

Insomma, se ho ben capito come stanno le cose, il nostro mondo tende *spontaneamente* a omologarsi e a diventare sempre

gen nach sich zieht, ist größer als die hergestellte Ordnung. Anfangs hat sich nur deswegen niemand darum geschert, weil die Unordnung immer ausgelagert wurde, entweder in ein anderes Land (siehe *Karin B.**) oder in eine andere Zone der Atmosphäre (siehe Ozonloch) oder sogar in die ferne Zukunft (siehe Atommüll).

Der Physiker Francesco Grianti sagt mir: « Nach dem Gesetz der Entropiezunahme strebt jedes System in der Natur *spontan* von einem *stärker geordneten* Zustand hin zu einem *zunehmend ungeordneten*. Dazu zwei Beispiele: 1. Wenn Sie eine Tasse heißen Tee eine Stunde lang auf dem Tisch stehen lassen, werden Sie feststellen, dass er sich abgekühlt hat, da er die Wärme *spontan* an die Umgebung abgegeben hat. 2. Wenn Sie Milch und Kaffee in eine Tasse schütten, bleiben die Moleküle der zwei Flüssigkeiten nicht getrennt wie zwei sich feindlich gegenüberstehende Armeen, sondern sie vermischen sich *spontan* zu Milchkaffee. »

« Und was hat das mit Entropie zu tun? »

« Das hat deshalb was mit Entropie zu tun, weil in beiden Fällen die Unordnung zunimmt. »

Kurz und gut, wenn ich es richtig verstanden habe, kann ich zusammenfassend sagen, dass unsere Welt *spontan* dahin strebt, sich zu vereinheitlichen

* Deutsches Charterschiff, auf dem für Italien Giftmüll nach Afrika entsorgt wurde

di più una massa uniforme. Ogniqualvolta una sostanza si sminuzza, finisce col mischiarsi con tutte le altre fino a creare un guazzabuglio indescrivibile. Il mondo non viene dal Caos, ma va verso il Caos. È come se io lasciassi una mattina il mio guardaroba tutto in ordine e lo ritrovassi la sera con i calzini in mezzo alle cravatte, le mutande tra le giacche e così via. Per il secondo principio della termodinamica, infatti, il disordine è irreversibile: può aumentare ma mai diminuire.

Ciò premesso, possiamo immaginare fin da adesso come sarà la fine del mondo: l'Universo diventerà un unico, immenso, uniforme cappuccino dove, non essendoci più alcuna diversità tra un punto e l'altro dello spazio (né di temperatura né di energia o di altro) non ci sarà nemmeno un buon motivo per muoversi. In quell'attimo, non essendoci più il movimento, con buona pace di Parmenide e dei suoi seguaci, non ci sarà nemmeno la vita. Che fare per ritardare la fine del mondo? Muoversi quanto meno possibile, dicono i fisici, e questo lo avevano già capito i guru indiani.

Tutto tende all'omologazione, non solo la materia, ma anche il modo di comunicare, di vestirsi e il pensiero. Una volta Gianni

und zunehmend zu einer gleichförmigen Masse zu werden. Jedes Mal, wenn eine Substanz zerbröckelt, vermischt sie sich mit allen anderen Substanzen und bildet ein undefinierbares Mischmasch. Die Welt kommt nicht aus dem Chaos, sondern bewegt sich aufs Chaos zu. Es ist, als würde ich morgens meinen Kleiderschrank wohlgeordnet zurücklassen und fände abends die Socken mitten unter den Krawatten und die Unterhose zwischen den Jacken. Nach dem Zweiten Hauptsatz der Thermodynamik ist die Unordnung in der Tat unumkehrbar. Sie kann zu- aber nicht abnehmen.

Somit können wir uns jetzt vorstellen, wie das Ende der Welt aussehen könnte. Das Universum wird ein einzigartiger, unendlich großer, gleichförmiger Cappuccino, wo es keine Unterschiede mehr gibt zwischen verschiedenen Punkten im Raum, weder in der Temperatur noch in der Energie oder in etwas anderem. Es wird auch keinen guten Grund mehr geben, sich zu bewegen. Zu diesem Zeitpunkt wird es – mit oder ohne den Segen des Parmenides und seiner Anhänger – keine Bewegung und auch kein Leben mehr geben. Wie kann man das Ende der Welt hinauszögern? Sich so wenig wie möglich bewegen, sagen die Physiker. Das haben schon die indischen Gurus verstanden.

Alles neigt zur Vereinheitlichung, nicht nur die Materie, sondern auch die Art, sich miteinander zu unterhalten, sich zu kleiden und die Denkweise.

Vattimo scrisse un articolo in cui incolpava la panna di rendere dello stesso sapore sia i tortellini fatti in Emilia sia quelli preparati nelle Puglie.

Più passa il tempo e più diminuiscono le differenze tra gli esseri umani: spariscono i dialetti a favore dell'italiano, spariscono le lingue (e con esse l'italiano) a favore dell'inglese. Il consumismo, vera minaccia entropica del nostro secolo, coadiuvato dai cani pubblicitari, c'impedisce di uscire dal gregge.

«Bisogna per forza andare a vedere Michael Jackson» dice una bella ragazza a un giovanotto.

«Perché?» chiede lui.

«Perché ci vanno tutti» risponde lei.

Visto il pericolo, più che ambire al titolo di dottore, ognuno cerchi di guadagnarsi almeno quello di egregio [da *ex gregis* = fuori dal gregge] e di pensare con il proprio cervello, avendo in massima cura le tradizioni.

La maggioranza degli americani è convinta che l'umanità si stia muovendo verso una situazione migliore, solo perché non tiene conto che l'ordine realizzato in una parte del globo è stato ottenuto a spese di un maggior disordine seminato in tutto il resto del mondo.

Gianni Vattimo* hat einmal einen Artikel geschrieben, in dem er der Sahne die Schuld daran gibt, dass Tortellini überall gleich schmecken, ob man sie nun in der Emilia zubereitet oder in Apulien.

Je mehr Zeit vergeht, desto geringer werden die Unterschiede zwischen den Menschen. So verschwinden die Dialekte zugunsten des Italienischen. Ganze Sprachen, einschließlich Italienisch, werden durch Englisch ersetzt. Das Konsumdenken, das von den Werbefüchsen noch gefördert wird, ist die wahre entropische Bedrohung unseres Jahrhunderts und hindert uns daran, der Herde zu entkommen.

«Michael Jackson muss man unbedingt gesehen haben», sagt ein junges Mädchen zu einem jungen Mann.

«Warum?», fragt er.

«Weil alle hingehen», ist die Antwort.

Angesichts dieser Bedrohung sollte jeder, anstatt nach dem Doktortitel zu streben, versuchen, sich ein «Hervorragend» (aus der Menge herausragend) zu verdienen, mit dem eigenen Kopf zu denken und dabei größtes Augenmerk auf die Tradition zu haben.

Die Mehrheit der Amerikaner ist davon überzeugt, dass die Menschheit sich auf eine bessere Welt zubewegt; nur berücksichtigt sie dabei nicht, dass Ordnung in einem Teil der Welt nur auf Kosten einer größeren Unordnung im übrigen Teil der Welt hergestellt werden kann.

* Italienischer Philosoph, Autor und Politiker (*1936)

D'altra parte, come non dare ragione ai paladini del progresso quando ci sbandierano i parametri dei loro successi: allungamento della vita media, diminuzione della mortalità infantile, epidemie debellate e via dicendo? Un secolo fa in Italia, quando nacque mio padre, la malattia più diffusa era la tisi, ovvero la fame: eppure eravamo sì e no venti milioni di abitanti.

A chi dobbiamo il fatto che oggi riusciamo a metterci a tavola in 58 milioni di persone e a godere di un alto tenore di vita? Al progresso, ai concimi chimici, ai refrigeratori che conservano gli alimenti e ai Tir che li trasportano su e giù per l'Italia.

Ma allora: tutti i discorsi di prima? L'entropia? Il disordine? Il secondo principio della termodinamica? La risposta giusta è come sempre quella di Periandro: «Ottima è la misura, a voi il compito di trovarla».

Andererseits, wie soll man den Verfechtern des Fortschritts nicht zustimmen, wenn sie ihre Erfolge herauskehren, nämlich Lebensverlängerung, Rückgang der Kindersterblichkeit, Ausrottung von Epidemien und so weiter? Vor hundert Jahren, als mein Vater geboren wurde, war Tuberkulose noch die am meisten verbreitete Krankheit in Italien und es herrschte Hunger. Trotzdem hatten wir ungefähr 20 Millionen Einwohner.

Wem verdanken wir, dass wir uns heute an einen Tisch mit 58 Millionen Personen setzen und einen hohen Lebensstandard genießen können? Dem Fortschritt, den chemischen Düngemitteln, den Kühlanlagen, welche die Nahrungsmittel frischhalten und TIR*, die sie in Italien hin- und hertransportieren.

Was soll also das ganze Gerede von Entropie, von Unordnung und vom Zweiten Hauptsatz der Thermodynamik? Die richtige Antwort findet sich, wie immer, bei Periander: «Auf das richtige Maß kommt es an. Es ist an euch, es zu finden.»

* Transports Internationaux Routiers

« Ti va di far l'amore? »

« Sì. »

« E allora vieni tu da me, non ho molto tempo e dopo debbo andare a cena fuori. »

Questa la telefonata che ho ricevuto da Raffaella, parola più parola meno. Raffaella, ventiquattro anni, capelli corti neri, studentessa d'architettura, ovviamente femminista ed extraparlamentare. Ma di che ti lamenti, mi dico, non è quello che hai sempre desiderato? Oramai è finita l'epoca dei « vuoi venire a sentire un po' di musica da me ». L'atmosfera romantica, un solo abat-jour, il disco lento, il facciamola bere un po'. « Smettila, non fare così! » « E su dai! » « Se lo sapevo non ci venivo. » « Ma come si slaccia questo reggiseno? » « Aspetta che faccio io. »

Adesso invece è rutto più semplice, più civile. Ci sono un uomo e una donna che hanno voglia di fare l'amore e, viva la faccia, se lo dicono subito a chiare lettere, papale papale, senza tante ipocrisie.

Questo fatto della telefonata di Raffaella lo debbo raccontare a Peppino. Lui è rimasto ancora agli anni Sessanta: l'invito a cena, il night e poi speriamo bene. E comunque mai alla prima uscita.

« Möchtest du mit mir schlafen? »

« Ja. »

« Dann komm du zu mir. Ich habe nicht viel Zeit, muss danach noch auswärts essen gehen. »

Etwa so hat Raffaella am Telefon mit mir geredet. Raffaella ist vierundzwanzig, hat kurze schwarze Haare, studiert Architektur, ist selbstverständlich Feministin und engagiert sich außerparlamentarisch. Aber soll ich mich etwa beklagen? Ist es nicht das, was ich mir immer gewünscht habe? Vorbei die Zeiten von « Möchtest du bei mir noch ein bisschen Musik hören? », mit romantischer Atmosphäre, schummriger Beleuchtung, langsamer Musik von Schallplatten und von « Geben wir ihr ein bisschen zu trinken ». Von « Lass das! », « Komm schon! », « Wenn ich das gewusst hätte, wäre ich nicht gekommen. », « Wie geht denn der BH auf? », « Warte, ich mach das schon. »

Heute ist alles einfacher und gesitteter. Da sind also ein Mann und eine Frau, die Lust aufeinander haben und sich das Gott sei Dank ohne Umschweife sagen. Frei heraus, ohne jede Heuchelei.

Von diesem Telefongespräch mit Raffaella muss ich unbedingt Peppino erzählen. Der lebt noch in den Sechzigern. Einladung zum Essen, dann in eine Bar und dann … hoffentlich will sie! Aber beim ersten Mal läuft garantiert nichts.

Ecco qua, sono a casa di Raffaella. Mi apre la porta in vestaglia. Mi dice: «Intanto spogliati che io faccio la doccia». Mi spoglio. Butto tutti i vestiti a casaccio sopra una poltroncina e m'infilo nel letto. Chissà poi perché ogni volta li butto via così. Abitudine di chi certe cose le ha sempre fatte in condizioni furtive? Desiderio di stringere i tempi? Mah? Mi rialzo e metto tutto in ordine. I pantaloni ripiegati per benino. Le scarpe allineate con i calzini all'interno.

È stato a questo punto che ho visto per terra alcune riviste femminili specializzate in problemi sessuali. Mi sono seduto, così come stavo, e ho cominciato a sfogliarne una. Quali sono le zone erogene del nostro corpo? Quale il coefficiente erogeno di ciascuna zona? Nomi scientifici di tutte le regioni in cui si suddivide l'organo maschile. Mio Dio, io non lo sapevo di possedere tutte queste zone. E invece eccolo là, disegnato a colori come una carta geografica.

Continuo a leggere e trovo la statistica degli atti sessuali preferiti dalle donne. Apprendo che il 48 per cento delle commesse in Italia gradisce le carezze manuali. Ovviamente la voce «introduzione» riscuote, sempre nell'ambiente commesse, un maggiore

Ich bin bei Raffaella angekommen. Sie öffnet mir im Bademantel. Sie fordert mich auf: «Zieh dich schon mal aus, während ich dusche.» Ich ziehe mich aus, schmeiße alle Sachen aufs Geratewohl auf einen Sessel und schlüpfe ins Bett. Wer weiß, warum ich die Sachen immer so hinschmeiße. Ist es vielleicht die Angewohnheit von einem, der bestimmte Dinge immer klammheimlich gemacht hat? Oder von einem, dem es nie schnell genug gehen kann? Ich weiß nicht. Ich stehe wieder auf und bringe alles in Ordnung. Die Hose wird einwandfrei zusammengelegt. Die Socken werden in die Schuhe gestopft und diese sorgfältig in Reih und Glied gestellt.

Dabei fielen mir auf dem Boden ein paar Frauenzeitschriften auf, die auf Sexualprobleme spezialisiert waren. So, wie ich war, setzte ich mich hin und begann eine durchzublättern. Welches sind die erogenen Zonen unseres Körpers? Wie ist der erogene Wirkungsgrad jeder Zone? Wissenschaftliche Bezeichnungen aller Teile, aus denen sich das männliche Glied zusammensetzt. Mein Gott, ich wusste nicht, dass ich so viele erogene Zonen besitze. Aber da sind sie dargestellt, sogar farbig, wie auf einer Landkarte.

Beim weiteren Lesen finde ich eine Statistik der sexuellen Praktiken, die von den Frauen bevorzugt werden. Ich erfahre, dass 48 Prozent der Verkäuferinnen in Italien gerne gestreichelt werden. Offensichtlich erfreut sich das «Vorspiel» bei besagten Verkäuferinnen mit 53 Prozent noch größerer Be-

successo: il 53 per cento. Istintivamente vado a controllare nella colonna « studentesse » e mi accorgo che l'indice sale ancora: 55 per cento. Dipenderà dal fatto che leggono di più. Io comunque tra tutte queste cifre mi perdo.

Mi guardo allo specchio e penso: ma tu hai studiato? Forse avrei dovuto cominciare a capire certe cose da piccolo e invece fino all'età di undici, dodici anni non ho mai saputo niente. Ma proprio niente di niente. Ricordo che una volta in quinta elementare, durante una lezione di aritmetica, il maestro si mise a gridare come un ossesso: « Se trovo chi mi ha portato in aula questa porcheria lo accompagno a calci fino a casa ». « Ma che ha trovato? » chiesi al mio compagno di banco. « Un preservativo » rispose lui. Io non sapevo che cosa fosse, ma avevo capito che doveva essere qualcosa di tremendo, qualcosa che aveva a che fare con il sesso. Il cuore incominciò a battermi forte forte. Il sesso? Una cosa misteriosa, un bosco sconosciuto, una stanza buia.

Raffaella rientra e s'infila nel letto. Mi sdraio accanto a lei e le dò un piccolo bacio sul collo ... Bacio sul collo? Indice di gradimento: 41 per cento. No, il 41 per cento era quello delle casalinghe. Quello delle studentesse dovrebbe essere maggiore, ma adesso non mi ricordo quant'è.

liebtheit. Instinktiv schau ich unter der Rubrik «Studentinnen» nach und stelle fest, dass bei denen die Quote noch auf 55 Prozent steigt. Das wird damit zusammenhängen, dass sie mehr lesen. Mich jedenfalls verwirren all die Zahlen.

Ich betrachte mich im Spiegel und denke: «Aber du hast doch studiert?» Vielleicht hätte ich mich von klein auf mit gewissen Dingen befassen sollen, um sie zu verstehen. Stattdessen habe ich bis ins Alter von elf oder zwölf Jahren von nichts eine Ahnung gehabt, wirklich von rein gar nichts. Ich erinnere mich, dass unser Lehrer in der fünften Klasse während einer Rechenstunde plötzlich einmal wie verrückt zu schreien anfing: «Wenn ich den finde, der mir diese Schweinerei ins Klassenzimmer gebracht hat, befördere ich ihn mit Fußtritten nach Hause!» «Was hat er denn gefunden?», fragte ich meinen Banknachbarn. «Ein Präservativ», antwortete der. Ich wusste nicht, was das war, hatte aber verstanden, dass es etwas Abscheuliches sein musste, etwas, das mit Sex zu tun hatte. Mein Herz fing heftig an zu pochen. Sex? Eine mysteriöse Angelegenheit, ein unbekannter Wald, ein dunkler Raum.

Raffaella kommt wieder zurück und schlüpft ins Bett. Ich lege mich neben sie und gebe ihr einen zarten Kuss auf den Hals. Kuss auf den Hals? Hat einen Beliebtheitsgrad von 41 Prozent. Nein, 41 Prozent gilt für die Hausfrauen. Bei den Studentinnen dürften es mehr gewesen sein, aber im Moment kann ich mich nicht daran erinnern.

Io a Roma sto in grazia di Dio, perché dovrei andare in vacanza? Mi sono comprato un appartamento nello stesso palazzo dove vivo in inverno, a due passi dai Fori Imperiali, così d'estate non faccio altro che trasferirmi due piani sopra, con tanto di aria condizionata. Quando facevo l'ingegnere all'IBM, e non ero ancora il Luciano De Crescenzo di oggi, non scrivevo libri né dirigevo film, allora sì che partivo. Ero un patito del mare. Nessuno lo sa, ma io ho un passato da criminale: avevo un motoscafo e me ne andavo in su e in giù per la costiera amalfitana, seminando rumore e panico. Attualmente invece mi definisco *un pentito del mare.*

Adesso infatti tutto è diverso, non metterei un piede al mare neanche sotto minaccia. Tempo fa, per ragioni di lavoro (una *marchetta:* partecipare a una trasmissione in cambio di soldi) sono dovuto andare ad Amalfi. Dimenticavo che nel momento in cui si decide di mettere il naso fuori di casa si entra irrimediabilmente in competizione con un altro milione di persone che hanno avuto la stessa idea. Così mi sono trovato sulla tortuosa strada che conduce a Positano in una fila ininterrotta di macchine e qualche de-

Ich wohne Gott sei Dank in Rom. Warum sollte ich in Urlaub fahren? Ich habe mir eine Wohnung in dem Haus gekauft, in dem ich auch im Winter wohne, wenige Schritte von den Fori Imperiali, den Kaiserforen, entfernt. Im Sommer ziehe ich einfach zwei Stockwerke höher, wo es eine gute Klimaanlage gibt. Als Ingenieur bei IBM war ich noch nicht der Luciano De Crescenzo von heute. Ich schrieb weder Bücher noch machte ich Filme. Damals fuhr auch ich weg. Ich war ein Meerfreak. Keiner weiß es, aber ich habe eine kriminelle Vergangenheit. Mit meinem Motorboot fuhr ich die Amalfiküste rauf und runter und verbreitete Angst und Schrecken. Heute dagegen habe ich mit dem Meer nichts mehr am Hut.

Jetzt ist tatsächlich alles ganz anders. Unter gar keinen Umständen würde ich wieder ans Meer fahren. Früher musste ich aus beruflichen Gründen an die Amalfiküste (eine Art Prostitution: Ich war Gast in einer Fernsehshow und wurde dafür bezahlt). Ich hatte vergessen, dass man in dem Augenblick, in dem man einen Fuß vor die Tür setzt, mit Millionen von Menschen konfrontiert wird, die die gleiche Idee hatten. Ich befand mich also auf der kurvenreichen Straße nach Positano, in einer dichten Autoschlange. Darunter etwa ein Dutzend Autobusse oder eigentlich eher fahrende

cina di pullman, che ormai sono specie di case viaggianti. A ogni curva si fermava il pullman e dalla parte opposta si fermava la macchina. Andava avanti l'uno, poi andava avanti l'altra. Un vero e proprio valzer. Tutto questo sotto il sole cocente. Insomma, da Positano ad Amalfi, ho impiegato più di un'ora.

Partire è un'idiozia: d'estate fa caldo e la gente corre al sole, d'inverno fa freddo e vanno sulla neve. È un controsenso. Partire a settembre? Non se ne parla nemmeno: in quel periodo c'è il Festival di Venezia, a ottobre c'è la Fiera di Francoforte e vado a vedere come sono andati i miei libri. Prima ero in errore, adesso, ribadisco, sono un *pentito del mare.*

La mia giornata tipo nella residenza estiva cittadina? Innanzitutto: non c'è telefono, né televisione, né citofono. C'è invece l'aria condizionata. Allora: mi sveglio alle 5.30 del mattino con il caffellatte, una spremuta d'arancia e due fette biscottate portate a letto dalla filippina. Alle sei sono già all'edicola in via Cavour, scambio due chiacchiere prima con l'edicolante, poi con gli operatori ecologici, che sono sempre gli stessi tutte le mattine. I discorsi? La Roma, il Napoli e la Lazio. In questo mio pellegrinaggio mattutino ho scoperto che la gente, tra le sei e le sette, è più cordiale, perché l'arrivo del giorno è

Häuser. In jeder Kurve kam der Autobus zum Stehen und das entgegenkommende Auto ebenfalls. Erst fuhr der eine ein Stück, dann der andere, und so immer abwechselnd. Ein regelrechter Walzer. Das alles unter sengender Sonne. Kurz, ich habe von Positano nach Amalfi über eine Stunde gebraucht.

Wegfahren ist Wahnsinn. Im Sommer ist es heiß und die Leute suchen die Sonne, im Winter ist es kalt und sie fahren in den Schnee. Das macht keinen Sinn. Soll man im September wegfahren? Das kommt überhaupt nicht infrage. In diese Zeit fällt die Biennale von Venedig. Im Oktober ist die Frankfurter Buchmesse. Dort fahre ich hin, um zu sehen, wie meine Bücher gegangen sind. Früher befand ich mich im Irrtum und ich möchte betonen, dass ich jetzt mit dem Meer nichts mehr am Hut habe.

Mein Tagesablauf in der Sommerwohnung in der Stadt? Vor allem kein Telefon, kein Fernsehen, keine Gegensprechanlage. Aber eine Klimaanlage. Ich wache morgens um 5.30 Uhr auf und eine Philippina bringt mir einen Milchkaffee, ein Glas Orangensaft und zwei Scheiben Zwieback ans Bett. Um 6 Uhr bin ich schon am Zeitungskiosk in der Via Cavour und wechsle ein paar Worte mit dem Zeitungsverkäufer und den immer gleichen Straßenkehrern. Worüber? Fußball: «La Roma», «il Napoli» und «la Lazio». Auf meinem morgendlichen Rundgang habe ich entdeckt, dass die Leute zwischen 6 und 7 Uhr besonders herzlich sind, weil ein beginnender Tag immer

sempre motivo di ottimismo. «Il sole è giovane ogni giorno» diceva Epicuro. Alle sette mi prendo un altro caffè al bar, poi o me ne torno a casa a leggere i giornali oppure con la *carta d'argento* (io sono anziano, non pago) vado ai Fori. Lì almeno non c'è nessuno che mi chiede gli autografi e posso leggere in pace. I tedeschi ancora non mi riconoscono.

Ogni mattina leggo quattro quotidiani, poi vado in ufficio. Anche senza l'ispirazione? Sì, e quando non ho idee m'immergo per qualche secondo nella vasca da bagno e spengo la luce. Posso definirmi *lo scrittore più pulito del mondo.* La sera esco con gli amici. Come tutti i single, dò molta importanza all'amicizia, seguo tutti gli amici con *devozione.*

Se poi mi viene voglia di fare il turista, Roma offre mille opportunità. Consiglio un itinerario (anche perché nelle chiese si sta freschi): Sant'Andrea della Valle, Sant'Ivo alla Sapienza (c'è un cortile che lascia senza fiato per quanto è bello) e poi la chiesa in fondo a corso Rinascimento (non mi sovviene il nome) dove c'è il quadro del Caravaggio, *La Madonna dei pellegrini.* Il quadro fu commissionato da un nobile che poi lo rifiutò perché *il pellegrino* dipinto dall'artista aveva i piedi sporchi.

Grund für Optimismus ist. «Die Sonne ist jeden Morgen wieder jung», sagte Epikur. Um 7 Uhr trinke ich einen zweiten Kaffee in der Bar. Dann gehe ich entweder nach Hause, um die Zeitung zu lesen, oder mit dem Seniorenpass zu den Foren (ich bin ein älterer Herr und zahle keinen Eintritt). Dort gibt es niemanden, der mich um ein Autogramm bittet und ich kann in Ruhe lesen. Die Deutschen erkennen mich noch nicht.

Jeden Morgen lese ich vier Zeitungen und gehe dann ins Büro. Auch ohne Inspiration? Jawohl, und wenn ich keine Ideen habe, tauche ich für einige Sekunden in der Badewanne unter und lösche das Licht. Ich kann mich getrost als den saubersten Schriftsteller der Welt bezeichnen. Den Abend verbringe ich mit Freunden. Wie alle Alleinstehenden lege ich großen Wert auf Freundschaften. Ich kümmere mich *hingebungsvoll* um alle meine Freunde.

Wenn mich die Lust ankommt, als Tourist unterwegs zu sein, dann bietet Rom tausend Möglichkeiten. Ich empfehle folgende Route (allein schon deshalb, weil es in den Kirchen kühl ist): Sant' Andrea della Valle, Sant' Ivo alla Sapienza (der Hof dort ist so schön, dass einem vor Staunen die Luft wegbleibt, und schließlich findet man in der Kirche am Ende des Corso Rinascimento (der Name ist mir entfallen) das Bild der ‹Madonna dei pellegrini› von Caravaggio. Es war von einem Adligen in Auftrag gegeben worden, der es dann aber zurückwies, weil der Pilger auf dem Bild schmutzige Füße hatte.

Insomma, devo fare un accorato appello a chi si sta imbarcando per le Maldive: che cazzo andate a fare lì, le isole sono tutte uguali, piene di sabbia, una striscia lunga cinquecento metri, e poi decine di palme … Dicevo che cazzo ci andate a fare, se prima non avete visto la *Madonna dei pellegrini* o il Mosè di Michelangelo? Roma è la città più bella del mondo, è piena di cose da vedere. Infine ecco la mia proposta: istituire presso tutti gli aeroporti una commissione d'esame. L'esaminatore domanderà: «Lei ha visto Roma? No, e allora torni indietro, non parta».

Schließlich muss ich alle ernsthaft ins Gebet nehmen, die auf die Malediven fliegen möchten. Was zum Teufel wollt ihr dort? Die Inseln sehen alle gleich aus, überall Sand, fünfhundert Meter lange Strände und Dutzende von Palmen … Also, was zum Teufel wollt ihr dort, wenn ihr die ‹Madonna dei pellegrini› oder den ‹Mosè› (‹Moses›) von Michelangelo noch nicht gesehen habt? Rom ist die schönste Stadt der Welt und voller Sehenswürdigkeiten. Ich schlage vor, an den Flughäfen einen Prüfungsausschuss einzusetzen, der die Fluggäste fragen soll: «Haben Sie Rom schon gesehen? Nein? Na, dann kehren Sie um, fliegen Sie nicht weg!»

L'emiro el-Bedir con il petrolio guadagnava quello che voleva, ovvero migliaia e migliaia di dollari all'anno.

Non sapeva più come spendere le sue enormi ricchezze. Possedeva decine di ville sparse un po' dovunque, in Arabia Saudita, in Europa e negli Stati Uniti. Aveva un harem di trentuno concubine, una per ogni giorno del mese, e un centinaio di servitori sempre pronti a soddisfare qualsiasi suo desiderio.

Nel frattempo il petrolio gli aumentava di prezzo ogni giorno. Fosse stato per lui lo avrebbe anche diminuito, se non altro per venire incontro ai Paesi più poveri, solo che non gli era consentito: era obbligato a mantenere i prezzi stabiliti dai suoi colleghi.

Un bel giorno, però, compiuti i cinquantanni, s'inventa un nuovo modo per impiegare il denaro. Assume sette scienziati, tutti specializzati in biotecnologie, e decide di farsi clonare.

« Signori miei » dice loro, « ho deciso di far nascere un altro me stesso in modo da aver sempre a disposizione un magazzino ricambi. Non pretendo, però, che questo secondo el-Bedir abbia anche un cervello. Anzi,

Der Emir el-Bedir verdiente an seinem Öl, so viel er wollte, das heißt Tausende und Abertausende von Dollar im Jahr.

Er wusste nicht mehr, was er mit seinen enormen Reichtümern anfangen sollte. Überall auf der Welt besaß er Villen, in Saudi-Arabien, Europa und den Vereinigten Staaten. Er hatte einen Harem mit einunddreißig Konkubinen, für jeden Tag des Monats eine, und Hunderte von Dienern, die ihm jederzeit jeden Wunsch erfüllten.

Währenddessen stieg der Ölpreis von Tag zu Tag. Wenn es nach ihm gegangen wäre, hätte er ihn lieber gesenkt, um zumindest den ärmeren Ländern entgegenzukommen, aber ihm waren die Hände gebunden. Er war verpflichtet, sich an die von seinen Kollegen festgesetzten Preise zu halten.

Eines schönen Tages, er war gerade fünfzig, kommt ihm eine neue Idee, wie er sein Geld verwenden könnte. Er stellt sieben Wissenschaftler ein, die auf Biotechnologie spezialisiert sind, und beschließt, sich klonen zu lassen.

«Meine Herren», sagt er zu ihnen, «ich habe beschlossen, mich ein zweites Mal in die Welt setzen zu lassen, um immer ein Ersatzteillager zur Verfügung zu haben. Ich verlange jedoch nicht, dass dieser zweite el-Bedir auch ein Gehirn besitzt. Im Gegenteil, ich hätte ihn lieber hirnlos. Es reicht,

lo preferirei acefalo. Basta che cresca sano e forte in attesa di essere utile.»

Nessuno dei presenti fece obiezioni, se non altro perché riceveva uno stipendio da favola e non era il caso di stare lì a sottilizzare con questioni di etica. D'altronde il clone dell'emiro, in quanto acefalo, non avrebbe nemmeno sofferto.

Appena nato, infatti, lo sdraiarono in un frigorifero orizzontale e gli misero sopra un coperchio di vetro in modo che l'emiro lo potesse vedere mentre cresceva.

Passano vent'anni. El-Bedir ha compiuto settantanni e ha qualche piccolo disturbo al fegato.

In verità ci sarebbe anche un accenno di enfisema ai polmoni.

Qualcuno dei medici parla di doppio trapianto, qualcun altro, invece, consiglia al padrone di farsi trapiantare soltanto il fegato e di smettere di fumare.

Come al solito è lui, el-Bedir, ad avere l'idea geniale.

«Signori miei» dice ai sette scienziati riuniti in consiglio, «io vorrei attuare un unico trapianto, quello del cervello. Se è vero, infatti, che tra gli organi del corpo umano il cervello è quello che più di tutti resiste al tempo, voi adesso prendete il mio cervello e me lo trapiantate nel clone in modo che

wenn er gesund und stark wird, bis er sich dereinst nützlich machen kann.»

Keiner der Anwesenden hatte etwas dagegen einzuwenden, wenn vielleicht auch nur wegen des traumhaften Lohnes. Es empfahl sich nicht, die ethische Seite zu hinterfragen. Und wenn die Kopie des Emir kein Gehirn hätte, müsste sie ja auch nicht leiden.

Kaum war der Klon fertiggestellt, legten sie ihn in einen waagrechten Kühlschrank mit einem gläsernen Deckel. So konnte der Emir ihm beim Wachsen zusehen.

Es gehen zwanzig Jahre ins Land. El-Bedir wird siebzig und bekommt leichte Leberbeschwerden.

Tatsächlich aber gibt es auch erste Anzeichen eines Lungenemphysems.

Einer der Ärzte spricht von Doppeltransplantation, ein anderer dagegen rät dem Herrscher, sich zunächst nur die Leber transplantieren zu lassen und mit dem Rauchen aufzuhören.

Wie gewöhnlich ist es el-Bedir, der die geniale Idee hat.

«Meine Herren», spricht er zu den sieben versammelten Wissenschaftlern, «ich hätte gerne eine einzige Transplantation, nämlich die des Gehirns. Wenn es wirklich so ist, dass von allen Organen des menschlichen Körpers das Gehirn sich am längsten dem Alterungsprozess widersetzt, dann nehmt mein Gehirn und transplantiert es in meine Kopie. So

io possa ricominciare a vivere in un corpo giovane che ha soltanto vent'anni. Il corpo mio, invece, quello vecchio, lo facciamo rottamare.»

In pratica l'emiro el-Bedir aveva scoperto il segreto per l'eterna giovinezza.

Fantascienza?

Non lo so, potrebbe anche accadere.

kann ich in einem jungen, nur zwanzig Jahre alten Körper nochmals ein neues Leben beginnen. Meinen alten Körper dagegen verschrotten wir.»

Damit hatte also der Emir el-Bedir den Schlüssel zur ewigen Jugend gefunden.

Science-Fiction?

Ich weiß es nicht. Es könnte auch eines Tages Wirklichkeit werden.

Luciano De Crescenzo, 1928 in Neapel geboren, ist Ingenieur, Regisseur und einer der bekanntesten Autoren Italiens. Auf vergnügliche Weise befasst er sich in seinen zahlreichen Büchern mit Philosophie.

Franziska Bolli, 1954 in St. Gallen geboren, studierte Germanistik und Italianistik in Zürich, war lange Zeit am Theater tätig und widmet sich heute dem literarischen Übersetzen, vorzugsweise aus dem Italienischen.

Achim Lunkenheimer, 1941 in Düsseldorf geboren, ist Oberarzt in der Kinderklinik Nürnberg und war immer schon an Sprachen interessiert. Insbesondere faszinieren ihn das Italienische und die Herausforderungen des Übersetzens.